Ismael Leandry-Vega

La democracia es un embuste (no existe) y la plutocracia es real

Editorial Espacio Creativo
Charleston, SC

Publisher: Editorial Espacio Creativo, Charleston, SC

ISBN-13: 978-1522892274   ISBN-10: 1522892273

Derechos de propiedad: Ismael Leandry-Vega   Copyright: © 2016 Ismael Leandry Vega

Imagen en portada: © nuvolanevicata - Fotolia.com

Standard Copyright License

Reservados todos los derechos. El contenido de esta obra está protegido por Ley, que establece penas de prisión y/o multas, además de las correspondientes indemnizaciones por daños y perjuicios, para quienes reprodujeren, plagiaren, distribuyeren o comunicaren públicamente, en todo o en parte, una obra literaria, artística fijada en cualquier tipo de soporte o comunicada a través de cualquier medio, sin la preceptiva autorización.

Datos para catalogación:

Ismael Leandry-Vega (2016)
  La democracia es un embuste (no existe) y la plutocracia es real
    Charleston, SC: Editorial Espacio Creativo

- **Ciencia Política**
- **Democracia**
- **Derecho al voto**
- **Derecho Constitucional**
- **Filosofía política**
- **Leyes – negocios**
- **Poder financiero**
- **Política**
- **Plutocracia**

Tabla de contenido

Capítulo uno
La democracia nunca ha existido...................................5

Capítulo dos
¿Cómo es una plutocracia?...31

Capítulo tres
Plutocracia y el derecho al voto....................................63

Capítulo cuatro
Estados Unidos es una plutocracia desarrollada..........71

Capítulo cinco
Añadidos y apuntes marginales....................................81

Referencias..91

Capítulo uno
La democracia nunca ha existido

§ 1

Debe quedar claro que nunca ha existido un país democrático. La historia demuestra que la supuesta democracia nació en un lugar que no era democrático, ya que se adoraba y se defendía el «sustento esclavista (Grecia).» Y la historia también demuestra que la supuesta democracia, a manos de unos ricos inescrupulosos que adoraban dar azotes y patadas, «creció como *gentlemen's agreement* de la más racista e imperialista de las etnias.»[i]

Es por eso que, aunque levante ampollas, se puede sostener que la idea de la democracia nunca ha salido de los libros.[ii] Y es por eso que, además, todo libro que sostenga que la democracia es maravillosa y todo libro que sostenga que la democracia existe, son unos libros que deben ser colocados, tanto en las bibliotecas como en las librerías, en la sección de ficción, en la sección de cuentos o, dependiendo del nivel del pensamiento del autor, en la sección de libros infantiles.

§ 2

Algunos genios han creado bombas nucleares, tanques, pistolas, venenos, armas químicas, proyectiles, submarinos, aviones de combate y rifles de asalto. Y muchísimos profesionales, después de haber recibido su costosa educación universitaria, han utilizado sus conocimientos para crear, defender y poner en marcha unos procesos de investigación criminal que, francamente y a todas luces, en una verdadera democracia no serían aceptables.

De hecho, sobre esto último recuerdo que muchísimos galenos, abogados y psicólogos, a cambio de buenos billetes, trabajan afanosamente para que los torturadores e interrogadores de la Agencia Central de Inteligencia de Estados Unidos tengan todos los recursos necesarios a la hora de secuestrar, encarcelar, torturar y humillar.[iii]

Es sorprendente poder observar que a pesar de los innumerables inventos y a pesar de la educación universitaria, la raza humana no ha podido crear y poner en marcha un sistema verdaderamente democrático. Lo mejor que ha podido crear la raza humana ha sido una plutocracia: (a) capitalista, vigilada y constitucional; (b) con buen número derechos; (c) con asesinos gubernamentales; y (d) con torturadores gubernamentales.

¿Por qué ha sucedido eso? No se ha podido crear y poner en marcha un sistema verdaderamente democrático por la sencilla razón de que la democracia, para decirlo claro, es incompatible con la naturaleza del ser humano.

Recuerde que la democracia, aunque no sea perfecta, es un sistema político y social que se cimienta en la justicia. Y lo menos que tiene el ser humano dentro de su pequeño cerebro, es justicia. El cerebro humano está lleno de maldad, egoísmo, envidia, hipocresía, cinismo, avidez, entre otras terribles características. Es por eso que los seres humanos –debido a toda esa «carga de malicia y de cinismo, de hipocresía y de avidez, de envidia y de mediocridad»–, nunca podrán «traer al mundo y a la tierra el impecable concepto de democracia...».[iv]

§ 3

La doctrina de la democracia habla de justicia, libertades, equidad, protección del débil e intervención gubernamental para controlar a los poderosos que desean recibir beneficios injustos. Además, se sabe que la utópica idea de la democracia no cree en la existencia de una «bondad universal y desconfía de la codicia humana. De ahí que exija contrapesos y controles rigurosos para impedir abusos de poder y sancionarlos cuando se produzcan.»[v]

Es por eso que la idea de la democracia, debido a que exige contrapesos y controles rigurosos para impedir que la codicia provoque graves daños e injustas desigualdades, sostiene que no puede existir un pequeño grupo de personas que reciba la mayoría de los beneficios económicos del país por medio de la explotación del pueblo, por medio de los bajos impuestos que pagan sus negocios y por medio del depósito de millones de billetes en los paraísos fiscales.

Y no se puede olvidar que la verdadera democracia no tolera la existencia de un pequeño y privilegiado grupo de personas que, egoísta y codiciosamente, utilice sus millones de billetes: (a) para comprar políticos con la finalidad de obtener –mientras se explota al pueblo y mientras se les imponen altos impuestos a los ciudadanos de a pie– beneficios económicos y fiscales; (b) para imponer sus deseos y sus planes por medio de políticos comprados.

§ 4

El verdadero sistema democrático es, por no decir imposible, difícil de crear y de mantener. Recuerde que la democracia requiere que la gran mayoría de los ciudadanos con derecho al voto esté constituida: (1) por personas inteligentes, justas, responsables, educadas, comprometidas, informadas y decentes; (2) por personas con un extraordinario pensamiento crítico; y (3) por personas que tengan claro que el poder hace que los poderosos desarrollen un fuerte interés «por estimular cada vez menos el pensamiento crítico.»[vi]

Como puede ver, la democracia es un sistema que es inalcanzable para el ser humano. Eso se comprueba cuando uno sabe que «la gran mayoría de los seres humanos está constituida de tal forma que no puede, siguiendo su naturaleza, tomarse nada en serio salvo comer, beber y reproducirse.»[vii] También ayuda a comprobar lo antes dicho el hecho de que la gran mayoría de los seres humanos, está constituida «de imbéciles que ni siquiera se dan cuenta de las consecuencias de sus errores.»[viii]

§ 5

La democracia, como ya he mencionado, no existe. Ahora bien, si la democracia existiera tuviera muchísimos problemas, sería tremenda porquería y, lamentablemente, terminaría convirtiéndose en una plutocracia: (1) con muchos medios de entretenimiento; (2) con un derecho al voto exageradamente influenciado y controlado por los planes y deseos de la élite. Voy a examinar esto un poco más de cerca.

En una verdadera democracia es necesario que el votante tradicional no sea un maldito inculto que únicamente esté pendiente al consumismo, a la farándula, a la moda, a la prensa del corazón y al último gatito saltarín de los medios sociales. También es necesario que el votante, en una verdadera e imperfecta democracia, sea «lúcido, crítico, con una capacidad analítica de la realidad, que no sea lo que diga el político de turno...».[ix]

Sin embargo, el ser humano no suele ser lúcido, crítico, analítico ni responsable a la hora de votar. Eso no es nada extraño ya que, en primer lugar, las acciones, esperanzas, convicciones y deseos del ser humano (de la inmensa mayoría) «no están siempre anclados a la razón.»[x]

Y en segundo lugar por razón de que, se sabe que los ciudadanos suelen votar por personas que se parezcan a ellas. Por eso es que los políticos tradicionales, especialmente los que están en los niveles medios y bajos de la política, se parecen tanto a los votantes que lo más que abundan son los políticos agresivos, embusteros, «incultos, venales, interesados sólo en lo suyo, adictos a las supersticiones de la identidad, la moda y las encuestas.»[xi]

Por eso es que sostengo que en una verdadera democracia, no pasaría mucho tiempo para que pudiéramos ver que el político tradicional termine, al igual que en las actuales plutocracias con derecho al voto y con derechos reconocidos, convertido en un comisario de los ricos.

Y por eso –pero dándole mucho peso al hecho de que el votante suele ser irresponsable y poco inteligente al momento de seleccionar a sus representantes– es que, además, entiendo que los políticos de una democracia verdadera terminarían siendo vagos, marrulleros, chismosos, violentos, cínicos y, sobre todo, corruptos.

§ 6

Por todos lados se escucha ese odioso embuste que sostiene que el maldito pueblo, a pesar de ser chismoso, es dizque el soberano. Cuando usted escuche eso, tenga en cuenta que es un embuste. Por lo regular, la gente dice eso ya que utiliza como fundamento el afamado contrato social de Rousseau. Sin embargo, esa gente no sabe que el contrato social «es una ficción inventada por los filósofos.»[xii]

Recuerde que el pueblo, aunque es capaz de matar, pelear, disparar, gritar, protestar y sacar –inclusive, por medio de la violencia armada– de la administración gubernamental a los políticos canallas y corruptos, no es ni nunca ha sido el soberano. Cuando los reyes eran reyes de verdad, los soberanos eran los reyes. Y actualmente, debido a que vivimos en una plutocracia globalizada y capitalista, el soberano es el poder financiero. Poder que, gústenos o no, ha reducido a los países a meras aldeas y a los ciudadanos de a pie a meros esclavos sin cadenas visibles. En fin, el contrato social es una ficción y el gran poder financiero controla a los Estados.

§ 7

Los seres humanos, que somos generadores «de conflictos», [xiii] no somos muy inteligentes como creemos. De hecho, está claro que la gran mayoría de los seres humanos está constituida por «idiotas.»[xiv] A eso se suma que al momento de analizar y tomar decisiones de gran importancia, tanto personales como sociales, los seres humanos no somos muy buenos. Se sabe que las imbecilidades religiosas, «la ignorancia, la costumbre y los prejuicios pueden cerrarnos las entendederas.»[xv]

Debido a lo antes dicho soy de la opinión de que el pueblo, no tendría la capacidad intelectual para seleccionar a buenos políticos en una verdadera democracia. Si uno puede ver, en las plutocracias que se parecen a la democracia, que las personas continuamente se pasan eligiendo a políticos de bajo nivel que se caracterizan por ser unos embusteros que han «hecho las cosas mal»,[xvi] en una verdadera democracia la situación seguiría siendo la misma, con el agravante de que esos políticos de baja calidad serían los que verdaderamente tendrían el poder.

§ 8

«El mundo es desorden y maldad por completo.»[xvii] Y en un lugar así, es imposible que pueda crearse un sistema democrático.

§ 9

Sabemos que los principales partidos políticos que funcionan en las plutocracias altamente desarrolladas, que usualmente defienden el capitalismo salvaje y el neoliberalismo, son «testaferros de los empresarios, de los bancos y del mercado (...) financiero.»[xviii] También sabemos que en las plutocracias, los gobernantes están «en servicio permanente para los muy ricos y el sector corporativo.»[xix]

Sin embargo, creo que la plutocracia *cuasi* democrática es el mejor sistema político. Por medio de la plutocracia que se parece a la democracia, por lo menos, se tiene la garantía de que una élite educada, rica y conocedora de asuntos comerciales y financieros, y no una trulla de imbéciles, administre el destino del país.

En cambio (a pesar de reconocer que el ser humano no tiene la capacidad para crear, desarrollar y mantener un sistema verdaderamente democrático), una verdadera democracia sería nefasta y terminaría convertida en una *«chusmacracia»* en la que, por decir lo menos, los chefs, las estrellas del espectáculo, los deportistas profesionales y los analfabetos estúpidos con muchos seguidores en los medios sociales, terminarían teniendo en sus manos el verdadero poder y, en las plutocracias en las que existen tales armas, los códigos de las armas nucleares.

§ 10

Reconocer que se vive en una plutocracia, puede ser un asunto complicado para muchas personas. Por mucho tiempo, esas personas han sido engañadas –tanto por la publicidad como por la propaganda– con el gran embuste de la democracia. Y tenga en cuenta que dije gran embuste ya que, incuestionablemente, el embuste de la democracia es uno de los mejores embustes de la historia. El simple hecho de que billones de seres humanos estén siendo engañados con dicho embuste, al igual que el hecho de que billones de muertos fueron engañados en vida con el embuste de la democracia, corrobora lo dicho.

Ahora bien, el asunto más sobresaliente del embuste de la democracia es que no tiene apariencia de embuste. Uno cree que hay democracia por motivo de que uno ve que hay elecciones, senadores, gobernantes, campañas políticas, constituciones, separación de poderes, derechos y, entre otros asuntos parecidos a una democracia, agencias gubernamentales que tienen la tarea de bregar con los asuntos eleccionarios.

Sin embargo, todo eso no son más que piezas indispensables para darle un halo de veracidad al embuste de la democracia. Inclusive, mucha gente no se da cuenta de que detrás de una de las mencionadas piezas del gran embuste de la democracia, se esconde una de las mejores armas que utilizan los plutócratas para mantener el poder y para controlar la administración pública.

Esa mencionada pieza, es la campaña política. Recuerde que los multimillonarios que tienen las conexiones y el capital, mientras los fanáticos políticos gritan y enarbolan las banderas de sus partidos políticos favoritos durante los eventos que están relacionados con las campañas de los políticos, compran y controlan a los políticos electos: (1) por medio de la financiación de sus campañas políticas;[xx] y (2) contratando como empleados a los familiares y a los amigos más cercanos de los políticos.

En fin, es entendible que muchas personas tengan dificultad para comprender y aceptar: (1) que viven en una plutocracia; (2) que los plutócratas son los que verdaderamente gobiernan; y (3) que existe una «sumisión de los gobiernos ante las empresas.»[xxi] Y eso ocurre por motivo de que, todo a nuestro alrededor está hecho para hacernos creer que vivimos en una democracia maravillosa.

Hasta los principales medios de comunicación, que están bajo el control de los multimillonarios, son utilizados para hacernos creer: (1) que no existe la plutocracia; y (2) que vivimos en una democracia maravillosa. Recuerde que los medios de comunicación, además de tener la capacidad de robustecer una mentira, «son capaces de convertir en verdad la mentira más infame.»[xxii] Y los medios de comunicación, en los países plutocráticos en los que se juega a la democracia, robustecen la mentira de la existencia de la democracia por medio de la repetición incesante de dicha mentira.

§ 11

El mundo le pertenece a los colosos del capitalismo, y, debido a eso, vivimos en una plutocracia. Es por eso que, en la realidad monda y lironda, la democracia no es más que «una farsa.»[xxiii]

Ahora bien, lo más sorprendente es que hay personas –entre ellas personas con preparación académica– que no quieren reconocer que viven en una plutocracia. Esas personas hacen eso ya que, a pesar de que las evidencias sobre el sistema plutocrático están por todas partes, no quieren aceptar el hecho de que ellas y sus familiares no son más que siervas de los magnates de la economía capitalista. Tampoco quieren aceptar que, por largo tiempo, fueron engañadas con el embuste de la democracia.

Dicho eso, tengo que reconocer que no puedo ser muy duro al criticar a esas personas, ya que está demostrado que los seres humanos «somos incapaces de tolerar la realidad.»[xxiv]

§ 12

Está claro, en esta época de endeudamiento gubernamental y corrupción generalizada, que el principal sistema político que existe en el mundo es la «plutocracia.» Digo eso ya que en casi todos los países, por no decir en todos, «los ricos son quienes gobiernan y viven.»[xxv]

Ahora bien, es necesario indicar que las plutocracias más avanzadas han construido un sistema parecido a una democracia. Así, por ejemplo, en esos países hay derecho al voto y hay personas que, mediocremente, trabajan como legisladores, gobernadores, presidentes y primeros ministros.

Para los ricos y poderosos que controlan los sistemas plutocráticos cuasi democráticos, los políticos son gastos necesarios. Por medio de esos gastos, se fortalece el espejismo de la democracia y se fortalece el deseo del explotado pueblo a someterse a los deseos y planes de los ricos y poderosos que gobiernan y controlan.

A eso se suma que los ricos y poderosos, por medio de políticos marrulleros que juegan en las cuasi democracias, tienen vigilantes que se encargan de dilatar, suavizar e impedir toda acción populachera que busque afectar su poder, su control y sus intereses económicos.

Sobre el asunto del espejismo de la democracia, tengo que decir que los ricos y poderosos que tienen el control de las plutocracias adoran dicho espejismo. Por medio de ese espejismo, que está muy bien montado, los ricos y poderosos que verdaderamente gobiernan pueden tranquilamente gobernar mientras los políticos tradicionales, muy parecidos a las chusmas con derecho al voto, entretienen a los ciudadanos: (a) por medio de payasadas, chismes y necedades; y (b) por medio de actos que demuestran que no tienen la capacidad para ocuparse «de los problemas de los ciudadanos que les eligieron, obsesionados con sus luchas sectarias y con mantenerse en el poder a toda costa.»[xxvi]

§ 13

Sabemos, por motivo de que las evidencias son contundentes y numerosas, que vivimos en una plutocracia. También sabemos que toda plutocracia, como ocurre en España, en Estados Unidos de América, en Chile y en el Reino Unido, tiene una «política fiscal que beneficia a las grandes fortunas» y aprieta a los ciudadanos de a pie.[xxvii] Y también sabemos que en las plutocracias, mientras el ser humano común y trabajador cree que vive en una democracia en la que se toma en cuenta la opinión de la masa, los plutócratas superricos que tienen el verdadero poder: (1) se mofan de los ciudadanos comunes; (2) explotan a los ciudadanos comunes; (3) moldean la mente de los ciudadanos; (4) controlan la producción y la venta de los bienes muebles; y (5) obran «a su antojo.»[xxviii]

Habiendo dicho eso ahora tengo que señalar que hay personas que pertenecen a las clases trabajadoras que, a pesar de que han tenido muchísimo contacto con datos que demuestran que viven en una plutocracia, no desean reconocer que viven en una plutocracia en la que el dinero se ha convertido «en una religión, con innumerables feligreses y escasos ateos.»[xxix]

Eso, no le debe causar sorpresa a nadie. En primer lugar se sabe que si una persona ha vivido bajo la ilusión de la democracia –algunos le dicen espejismo de la democracia–, es obvio que le resultará duro y triste (aunque existan evidencias) tener que reconocer que sus políticos, aunque sean llamados legisladores, gobernador, presidente o primer ministro, no pueden obedecer a la masa por motivo de que, después de ñangotarse, tienen que obedecer las instrucciones de los superricos que, desde sus lustrosos palacios ubicados en los más grandes centros financieros, verdaderamente gobiernan y mandan.[xxx]

Y no se puede olvidar que, a pesar de las evidencias que han visto y que han escuchado, a las personas que intencionalmente niegan que viven en una plutocracia se les hace durísimo tener que aceptar que viven en una plutocracia en la que, a pesar de que constantemente se repite el embuste de que todos somos iguales –y a pesar de que constantemente se repite el embuste de que existe igualdad en las oportunidades–, casi todo «está trucado en favor de los que tienen dinero y poder.»[xxxi]

En fin, son muchísimas las duras realidades que los negadores de la plutocracia no desean aceptar por motivo de que se les derrumba la ilusión o la mistificación de la democracia. Y aunque se podría sostener que la acción de intencionalmente negar la existencia de la plutocracia es un acto de autoengaño, que en ocasiones podría conducir a la realización de actos bochornosos y risibles, la realidad es que la psicología nos ayuda a entender el comportamiento de los negadores de la plutocracia.

En primer lugar, la psicología nos enseña que el ser humano suele minimizar (y en ocasiones cree que son embustes) toda «información que considera inconveniente.»[xxxii] Por eso es que los negadores de la plutocracia, a pesar de los datos que han visto y oído, no le dan credibilidad a los innumerables datos –algunos de ellos brindados por ganadores del prestigioso y respetable premio Nobel– que demuestran que «vivimos en una plutocracia, en un gobierno de los ricos.»[xxxiii]

A eso se le suma que, la psicología demuestra que los seres humanos somos tan imbéciles que creemos en mistificaciones que estén bien elaboradas. Y debido al hecho de que «estamos tan acostumbrados a las mistificaciones cotidianas de la realidad, [...] no soportamos la verdad cruda y llana.»[xxxiv]

Es por eso que los negadores de la plutocracia, que están acostumbrados a la poderosa mistificación de la democracia, no soportan esa cruda y llana verdad que, además de despedazar el espejismo de la democracia, demuestra que vivimos en una plutocracia en la que los ricos que controlan «los intereses económicos» son los «que dirigen las acciones de los gobiernos, de todos los gobiernos del mundo.»[xxxv]

§ 14

El ser humano, que es un embustero natural, ni es muy inteligente ni es un animal que le guste que se le hable de manera cruda y ruda. Además, el ser humano desea que los sinsabores de la realidad sean suavizados cuando sean comentados. Es por eso que, aunque sea criticado, el ser humano adora el eufemismo. Tenga en cuenta que el eufemismo, que es constantemente utilizado, «pretende suavizar una realidad que no nos gusta.»[xxxvi]

Con eso en mente, es necesario mencionar que a los seres humanos no les gusta esa dura y cruda realidad que demuestra que los superricos que verdaderamente gobiernan y mandan han dividido a la raza humana en dos grupos, a saber, en ricos y en esclavos –la categoría de esclavos está subdividida en grupos– que deben ser explotados y descartados cuando no sirvan para producir.

Es por eso que en los medios de masas y en los documentos oficiales se utilizan embustes y eufemismos para ocultar y suavizar esa dura y cruda verdad que demuestra que, vivimos y morimos bajo un sistema plutocrático y capitalista que «convierte a las personas en esclavos endeudados por unos pocos que tienen mucho.»[xxxvii]

Y no se puede obviar el hecho de que, en las plutocracias disfrazadas de democracia también se utilizan filfas y eufemismos para ocultar y suavizar esas duras y crudas verdades que demuestran: (a) que el contrato social es un embuste; (b) que el pueblo no es ningún soberano; (c) que los plutócratas que verdaderamente gobiernan usan el «poder del estado para conseguir sus fines»;[xxxviii] y (d) que todos los países están sometidos «a la dictadura de la gran banquería.»[xxxix]

Sostengo eso ya que los gerifaltes del gran poder financiero, desde sus inexpugnables cápsulas de verdadero poder, han creado una organización social en la que no hay democracia, sino plutocracia; «no hay pueblos, sino mercados; no hay ciudadanos, sino consumidores; no hay naciones, sino empresas; (...) no hay relaciones humanas, sino competencias mercantiles.»[xl]

§ 15

Sabemos que el pensamiento utópico se identifica con «falta de realismo.»[xli] Es por eso que sufre de falta de realismo toda persona que, viviendo en una plutocracia, crea que vive en una democracia en la que las opiniones de la masa – aquí estoy hablando de asuntos importantes, no de trivialidades relacionadas con la vida de la gente– son tomadas en cuenta por los gobernantes y por los verdaderos dueños del poder, del capital y de los medios de producción.

Digo eso ya que, además de que nunca ha existido una democracia, las ideas y las creencias que están relacionadas con la democracia –como el asunto de tomar en cuenta la opinión de la chusma y como el asunto de que los gobernantes representan a la chusma– no tienen, salvo raras y dichosas excepciones, cabida dentro del sistema plutocrático bajo el que vivimos. De hecho, dentro del sistema plutocrático, capitalista y neoliberal existe lo que se llama la soberanía financiera. Y, como sabemos, «la democracia y la soberanía financiera son incompatibles.»[xlii]

Es por eso que vivimos en una plutocracia en la que las opiniones que se toman en cuenta, especialmente las que están relacionadas con los negocios y con los asuntos financieros, son las de los gerifaltes del poder financiero y las de los capitalistas superricos. Por eso creo que todas y todos tenemos que reconocer y aceptar, para no ser tildados de irrealistas, que en las plutocracias más avanzadas, «a menos de que sus intereses estén aliados con los de las élites económicas, las opiniones de las masas [...] importan lo mismo que importan las *"opiniones"* de vacas y pollos en ruta al matadero.»[xliii]

Llegados a este punto, tengo que aclarar que los dueños del poder y del dinero no se meten en asuntos triviales. Debido a eso, las opiniones de las masas –en asuntos triviales como, por ejemplo, aumentar las penas de los delitos sexuales– sí son tomadas en cuenta por los políticos astutos y cínicos que buscan permanecer en la administración gubernamental.

Así, por ejemplo, los dueños del poder no están interesados en los asuntos que están relacionados con la adopción de fastidiosos y costosos niños. Tampoco están interesados, a menos que hayan invertido billetes en la producción de un fármaco nuevo que haya demostrado que generará enormes ganancias, en asuntos relacionados con la rehabilitación de adictos. A eso se suma que los dueños del poder y del dinero, a menos que tengan intereses económicos, no están interesados en los eventos electorales que estén relacionados con alcaldes de municipios pequeños y pobres.

En donde las opiniones de las masas valen casi cero, son en los asuntos que tengan repercusiones económicas. Es por eso que en los países enormemente endeudados, como España y Grecia, las opiniones de las masas sobre el asunto de tener que recortar gastos importantes para poder pagarle al poder financiero no valen nada.

En casos como esos, las opiniones de los representantes del poder financiero son las que valen en la plutocracia. Por eso pertenecen al pensamiento utópico e irracional las creencias que sostienen que los gobiernos endeudados que les deban muchos billetes al poder financiero, tomarán medidas para fastidiar al poder financiero y para beneficiar a las masas.

Escribí que dicha creencia es utópica e irracional ya que la experiencia nos enseña que el poder financiero, aunque estratégicamente perdone una buena parte de una deuda gubernamental, utiliza a sus sirvientes gubernamentales para imponer planes de austeridad. Y tenga en cuenta que un plan austeridad gubernamental, en apretada síntesis, es un plan: (1) que está lleno de «recortes de gastos» gubernamentales; (2) que impone «aumentos de los impuestos»;[xliv] y (3) que está diseñado para que el poder financiero recupere gran parte del dinero invertido.

§ 16

El gran poder financiero, el gran líder de la plutocracia mundial, ocupa su esplendoroso trono de emperador mundial desde que finalizó la Segunda Guerra Mundial. Es por eso que, cuando uno toma distancia y lo mira con perspectiva, es necesario que los gobiernos –debido al hecho de que el pueblo no es más que «una gran bestia que tiene que ser domesticada»,[xlv] y debido al hecho de que siempre es necesario que exista una élite– sean plutocráticos. Solo un gobierno plutocrático puede comprender, con la claridad requerida, el hecho de que es necesario obedecer las instrucciones que imparta el gran poder financiero.

Recuerde que si un país, debido a que tenga la mala suerte de ser gobernado por una chusma que crea en los populismos, se niega a seguir los planes del soberano mundial, las consecuencias económicas y sociales pueden ser desastrosas.

Así, por ejemplo, se sabe que un país puede tener una desastrosa desaceleración económica si toma la absurda decisión de apartarse de los planes «del mercado» para abrazar los planes de la gentuza.[xlvi]

Y en el caso de los países fastidiados y subdesarrollados, sabemos que el acto de desobedecer las instrucciones del poder financiero puede ser un asunto malísimo para los ciudadanos de a pie. Digo eso ya que, quiérase o no, si los gerifaltes del poder financiero «pierden la fe en las economías emergentes, estas se ven forzadas a adoptar políticas contractivas.»[xlvii] Y las políticas contractivas, como hemos visto, terminan jodiendo al ciudadano de a pie y beneficiando a los ricos que están en el tope.

Capítulo dos
¿Cómo es una plutocracia?

§ 17

No es correcto decir que, en una verdadera democracia no pueden existir superricos. Tanto en la verdadera democracia (que todavía no ha visto la luz) como en la plutocracia parecida a la democracia, pueden existir los superricos. Lo que ocurre en la plutocracia es que, la cantidad de los superricos es enorme. También es común, en una plutocracia, que uno pueda claramente observar la existencia de un abismo económico –en las ganancias, en los salarios y en los billetes ahorrados– entre los ricos y los pobres.

A lo dicho se le suma el hecho de que en la plutocracia, debido al abismo económico en las ganancias y debido a la injusta desigualdad al momento de brindar oportunidades, uno puede ver que es totalmente normal que la gran mayoría de los seres humanos (aunque tengan maestrías y doctorados) está constituida por ciudadanos de a pie que, mientras los hijos y los nietos de los superricos disfrutan de mucho tiempo libre, no tienen mucho tiempo libre debido a que tienen la urgente necesidad de «recurrir a dos y tres empleos, (...) privándose incluso de actividades familiares y recreativas», para poder sobrevivir.[xlviii]

§ 18

En las plutocracias capitalistas, en donde es normal que existan documentos jurídicos que garanticen derechos y que fortalezcan el espejismo de la democracia, el gran poder financiero –que es el dueño del dinero y del poder– siempre trabaja para debilitar y, dependiendo de sus intereses, «desmantelar» todo lo que sea público.[xlix] Los altos y poderosos plutócratas hacen eso ya que saben que por medio del debilitamiento o del desmantelamiento de lo público: (a) pueden fortalecer su poder y su control; y (b) pueden ganar más billetes.

§ 19

Sabemos que la utópica doctrina de la democracia establece que los gobernados, aunque pueden existir excepciones meritorias, tienen que vivir «mejor que los gobernantes.»[l] También sabemos que la doctrina de la democracia, irrealmente establece que las recesiones económicas tienen que ser sufridas por todos los ciudadanos de la misma manera. O, por decirlo de otra manera, la doctrina de la democracia real no permite que el Gobierno ayude a un pequeño y privilegiado grupo –compuesto por ricos privilegiados y codiciosos– mientras fastidia y dejar caer al resto de los ciudadanos.

Es por eso que la democracia real no permite, en caso de recesiones y depresiones económicas, políticas de austeridad y de altos impuestos para los ciudadanos de a pie y políticas de ayudas y privilegios para la clase rica y capitalista.

En cambio, en una plutocracia disfrazada de democracia (recuerde que la plutocracia es controlada por miembros de la clase pudiente) uno puede ver que en caso de una larga recesión económica, la primera acción de los ricos que controlan la plutocracia –acción que es ejecutada por los títeres que utilizan sus puestos gubernamentales para estar al servicio de los plutócratas– es la de ayudar económicamente a los ricos que jugaron un papel central en el surgimiento de la larga recesión económica. Y después de eso lo que viene es, como saben los amigos de Grecia y de España, «cercenar los gastos sociales» por medio de las políticas de austeridad.[li]

§ 20

El pensamiento crítico, con todas las puntualizaciones y matices que hagan falta, necesita desarrollarse. También sabemos que el pensamiento humano es tan imperfecto que, lamentablemente, el pensamiento crítico no es la norma en el ser humano.[lii]

De ahí que sea importante y necesario que todo estudiante universitario, aunque no complete un grado universitario que esté relacionado con las *Humanidades,* sea expuesto a un buen número de clases que estén relacionadas con las *Humanidades.*

Recuerde que una buena educación relacionada con las *Humanidades,* como haber cursado varias clases relacionadas con la filosofía y con la literatura, permite desarrollar el pensamiento crítico y «...permite el ejercicio pleno de las capacidades cívicas en el terreno político y social.»[liii]

Lo antes dicho, en las plutocracias capitalistas, es sabido por los dueños del poder, del dinero y de los puestos de trabajo. Debido a eso, en algunas plutocracias se está trabajando para eliminar las clases –o para eliminar la obligatoriedad de tomar esas clases– relacionadas con las *Humanidades,* especialmente las que están relacionadas con la filosofía, de los planes de estudio de las instituciones de educación superior.

Mientras que en muchas otras plutocracias, deliberadamente, las clases relacionadas con las *Humanidades,* especialmente las que están relacionadas con la filosofía, se están minimizando significativamente en los planes de estudio de las instituciones de educación superior.

Debido a esas cuidadosas estrategias de embrutecimiento social y de control social, la calidad del pensamiento crítico está disminuyendo significativamente en las plutocracias capitalistas, especialmente en las que se parecen a una democracia.

Eso se comprueba cuando uno ve que muchísimas personas (algunas de ellas con postgrados), en las plutocracias capitalistas, piensan que las clases que están relacionadas con las *Humanidades* «—literatura, filosofía, historia, educación cívica—» son asuntos «superfluos y prescindibles, cuando no francamente inútiles por no rentables.»[liv]

La gran consecuencia de todo eso es que, a los ricos y poderosos se les está haciendo más fácil manipular a la gente –incluyendo gente con doctorados– por medio de sus medios de masas. De hecho, es triste tener que reconocer que una enorme porción de la humanidad no está pensando críticamente ya que está aceptando las ideas, las creencias, los mitos, las estupideces y las interpretaciones de la realidad que les están imponiendo los dueños del poder y del dinero por medio de sus poderosos medios de masas y de embrutecimiento masivo.[lv]

§ 21

En las plutocracias capitalistas, los dueños del poder real son los dueños del dinero y de la banca. Además, en las plutocracias capitalistas uno puede ver: (a) que las altas esferas de los gobiernos plutocráticos están llenas de personas que pertenecen a la clase privilegiada; (b) que en las altas esferas de los gobiernos plutocráticos hay altos ejecutivos del poder financiero; y (c) que los ciudadanos no son más que siervos que –por medio de sus profesiones y de sus oficios– diariamente trabajan para sobrevivir y para enriquecer a los dueños del dinero y de las grandes industrias.

Tengo que hacer un pequeño paréntesis, ya que lo antes escrito –específicamente lo que escribí en los puntos (a) y (b)– me ha hecho recordar un caso que ocurrió en Estados Unidos de América.

Allí, donde muchos policías blancos adoran patear y balear a negros desprovistos de armas, el acaudalado «Robert Rubin, de Goldman Sachs, se convirtió en la autoridad económica más influyente del equipo de Bill Clinton.» Gracias a eso, los «grandes bancos accedían con gran facilidad al mundo político; y el sector, en general, conseguía lo que quería...».[lvi]

Cerrado el paréntesis, ahora digo que la lista de los asuntos negativos que están relacionados con la plutocracia capitalista es enorme. Ahora bien, es necesario reconocer que puede existir una plutocracia capitalista que, a pesar de las trampas, de las desigualdades, de la corrupción y del abismo económico que separa a los ricos de los pobres, sea un buen lugar para vivir y morir. Así, por ejemplo, si la plutocracia capitalista garantiza ciertos derechos y permite el libre ejercicio de libertades vigiladas, como ocurre en Estados Unidos de América y en el

Reino Unido, se puede sostener que –a pesar de los asuntos negativos– es un buen lugar para vivir.

En fin, es necesario aceptar que lo más cercano a una democracia real es una plutocracia que tenga una buena carta (o lista) de derechos y un sistema de tribunales que, por lo menos, no esté dispuesto a tolerar todos los malos planes de los superricos y de los ricos que trabajan en el Gobierno. También es necesario aceptar que, es mejor vivir y morir en una plutocracia parecida a una democracia que en una asquerosa dictadura. Puesto que las dictaduras, como saben los hermanos de Argentina, Chile y Uruguay, son corruptas, odiosas, «brutales y sanguinarias.»[lvii]

§ 22

Una plutocracia capitalista: (a) puede tener una constitución; (b) puede tener oficinas gubernamentales que vigilen la actividad comercial y financiera; (c) puede tener derechos reconocidos; y (d) puede tener –de manera periódica– elecciones de políticos cínicos y marrulleros. Inclusive, en una plutocracia capitalista puede existir un Gobierno que castigue las malas acciones que ejecuten los empleados de los gerifaltes del poder financiero.

En fin, todos tenemos que tener claro que una plutocracia capitalista con derecho al voto y que esté bien formada, puede llegar a parecerse a una democracia. Digo eso ya que la plutocracia bien desarrollada, también llamada «democracia *light*», «tiene la hechura, la armazón, el entramado de la democracia propiamente dicha, es decir, la que el diccionario define como doctrina política favorable a la intervención del pueblo en el gobierno.»[lviii]

§ 23

Toda plutocracia capitalista que tenga derechos y un sistema republicano de gobierno – al igual que una monarquía constitucional con derechos y elecciones–, está disfrazada de democracia. Ahora bien, el hecho de que los dueños del poder y del dinero hayan creado el espejismo de la democracia, con variantes y matices propios en cada país plutocrático, no significa que los dueños del poder y de la economía hayan dejado de realizar acciones: (1) para robustecer las plutocracias; y (2) para mejorar los espejismos de la democracia.

Los ricos que controlan y gobiernan las plutocracias, o mejor dicho el mundo, trabajan infatigablemente para realizar las indicadas acciones. Ahora bien, de todas las acciones que ejecutan los verdaderos dueños del dinero y del poder, la acción de debilitar significativamente el pensamiento de las masas pertenece al grupo de las más importantes. Es por eso que en las plutocracias capitalistas, poco a poco, los dueños del dinero y del poder han estado trabajando para debilitar el pensamiento crítico y, sobre todo, para impedir que las nuevas generaciones tengan un adecuado pensamiento crítico.

¿Por qué los dueños del dinero y del poder desean debilitar el pensamiento crítico en sus respectivas plutocracias? Sobre eso comienzo diciendo que los dueños del poder y del dinero no desean que ocurran cambios significativos, especialmente en asuntos económicos y políticos, dentro de sus respectivas plutocracias.

A eso se le suma el hecho de que los ricachos con poder no desean que sus esclavitos sin cadenas, especialmente los trabajadores que están en el fondo –las clases pobres y las supuestas clases medias– de las clases sociales, se den cuenta de esas crudas y duras verdades que demuestran: (1) que ellos están sometidos a los deseos y a los planes del omnímodo y omnipotente poder financiero; (2) que estamos viviendo en un mundo que nunca había «sido tan desigual en las oportunidades que brinda»;[lix] y (3) que los datos demuestran que «la concentración de capital y la desigualdad» seguirán aumentando.[lx]

Además de eso, se sabe que los plutócratas que tienen el dinero y el poder «no favorecen el pensamiento crítico»[lxi] ya que no desean que, unidos y enojados, sus siervos sin cadenas visibles comiencen a pedir verdaderos cambios en el sistema, especialmente cambios para eliminar la plutocracia (eso es imposible) y cambios para eliminar «las causas estructurales de las disfunciones de la economía mundial.»[lxii]

De hecho, los ricos y poderosos que permanentemente tienen el poder saben que si la inmensa mayoría de la gente tuviera un pensamiento crítico bien desarrollado, no pasaría mucho tiempo para que estuviera pidiendo, entre otras acciones, igualdad en las oportunidades, impuestos más altos para los ricos, límites a las donaciones que reciben los políticos, límites a los años de servicio de un político, impuestos más altos para las herencias que están relacionadas con millones de dólares, mejores oportunidades para estudiar en los mejores centros de enseñanza, mejores salarios y, sobre todo, garantías constitucionales que les permitan a los ciudadanos fácilmente convocar y participar –por medio de peticiones– en referendos populares: (1) que tengan fuerza de ley; y (2) que estén por encima de los deseos de los políticos marrulleros.

Por todo eso, y por otras razones, es que los dueños del poder y del dinero no favorecen el pensamiento crítico.[lxiii] Recuerde que la persona que tiene un buen pensamiento crítico, además de «denunciar lo existente», también suele ofrecer posibilidades para «una real transformación.»[lxiv] Y no se puede olvidar, además, que la persona que tiene un buen pensamiento crítico está, como el Dr. Martin Luther King y como el Dr. Nelson

Mandela, dispuesta a enfrentarse a las secuelas que aparezcan cuando decida luchar contra los abusos del maldito sistema plutocrático y explotador.

§ 24

Es necesario tener en cuenta que los dueños del dinero y del poder, en las plutocracias casi democráticas y capitalistas, utilizan sus billetes, sus conexiones y su poder para crear reglamentos, leyes y decisiones judiciales que, a las claras, beneficien a las clases dominantes y ricas. Es por eso que en las plutocracias cuasi democráticas, mientras los ciudadanos de a pie son explotados, es normal que exista –con la bendición del derecho– una «distribución desigual de la riqueza.»[lxv]

§ 25

En las plutocracias disfrazadas de democracia, se le hace creer a la gente que la sede del poder público está en lo que se llama la capital, específicamente dentro de los edificios públicos que albergan las sillas del poder ejecutivo, del poder legislativo y del poder judicial. Sin embargo, como enseña la realidad, los centros del verdadero poder, dentro de las plutocracias cuasi democráticas –también llamadas democracias *light*–, están en los grandes centros financieros.

Tenga en cuenta que, en los grandes centros del poder financiero están los boyardos de la economía y del verdadero poder. Y esos poderosos «boyardos de la economía, desde sus inexpugnables cápsulas de poder, toman implacables decisiones sin tener en cuenta las necesidades y carencias del hombre y la mujer de la calle.»[lxvi] Es por eso que, por ejemplo, en Estados Unidos de América el verdadero centro del poder está en Wall Street, Nueva York.

§ 26

En una verdadera democracia, los altos ejecutivos gubernamentales (y sus principales asesores) que bregan con los asuntos económicos y comerciales son personas que han demostrado tener, por encima de otras consideraciones, una enorme compresión sobre los indicados asuntos. Poco importa si son multimillonarios o si son personas que no ganan millones de dólares al año; lo importate es la inteligencia y el conocimiento.

En cambio, en una plutocracia parecida a una democracia uno puede ver que los altos ejecutivos (la mayoría) gubernamentales –y sus principales asesores– que bregan con los asuntos económicos y comerciales, son unos ricos que, sin haber demostrado que tienen una mejor compresión que un genio que haya ganado el premio Nobel de Economía, salieron de los edificios de las multinacionales y de los edificios de los gerifaltes del poder financiero.

Es por eso que en los Estados Unidos de América y en el Reino Unido, que son dos plutocracias desarrolladas, los ricos –salvo raras y dichosas excepciones– que están relacionados con el gran poder financiero son «las autoridades claves del poder ejecutivo en materia de política comercial y económica...».[lxvii]

§ 27

Los medios de comunicación, especialmente los principales, nos informan y, en algunas ocasiones, nos educan. Y escribí que en ocasiones nos educan ya que algunos artículos que aparecen en los medios de comunicación, como los artículos del maestro Mario Vargas Llosa (premio Nobel de Literatura) y los artículos del doctor Paul Krugman (premio Nobel de Economía), contienen informaciones que, por decir lo menos, son educativas y valiosísimas.

Ahora bien, si uno analiza el funcionamiento de los principales medios de comunicación es forzoso llegar a la conclusión de que tienen gran poder sobre la mente humana. Digo eso, en primer lugar, por razón de que los principales medios de comunicación controlan, en gran medida, «el conocimiento y el reconocimiento de la realidad de millones de personas.» [lxviii]

También sostengo lo arriba dicho ya que los medios de comunicación, gústenos o no, modifican «nuestra manera de pensar y de actuar.»[lxix] De hecho, se sabe que «la opinión general la crean y moldean los medios de comunicación, disponiendo un marco ideológico de referencia que sirve de traductor automático y virtual de lo que es aceptable o no...».[lxx]

Dicho eso, es obvio que en una verdadera democracia el pueblo utiliza su poder para mantener, aunque exista libertad de prensa y aunque exista libertad de expresión, un sano balance en los medios de comunicación. Así, por ejemplo, en una verdadera democracia el pueblo no deja que un mismo grupo de personas tenga muchísimos medios de comunicación.

Ello, porque si un mismo grupo de personas tiene muchísimos medios de comunicación –como sería, por ejemplo, tener el cincuenta por ciento de los principales medios de masas–, estaríamos viendo un pobre pluralismo de ideas, opiniones y creencias en la sociedad. Y si no hay, debido a la manipulación social por medio de los medios de masas, un adecuado pluralismo en las opiniones, ideas y creencias de los ciudadanos, no hay tal cosa llamada democracia.[lxxi]

Ahora bien, en el caso de las plutocracias capitalistas la situación es totalmente diferente. En las plutocracias capitalistas, los privilegiados ricos utilizan la libertad de prensa, la libertad de expresión y sus millones de billetes para controlar la inmensa mayoría de los (principales) *mass media*. Es por eso que en las plutocracias capitalistas, en donde es costosísimo poder tener y mantener un buen medio de comunicación, la inmensa mayoría de los medios de comunicación (especialmente los principales) está en manos de la clase dominante.

Y es por eso que, además, uno puede ver que un mismo grupo de personas ricas y poderosas tiene, en las plutocracias capitalistas, numerosísimos medios de comunicación. Debido a todo eso se puede decir que en las plutocracias capitalistas en donde existen derechos vigilados, los medios de comunicación (los principales) «están en manos de los poderosos» y ricos que están relacionados con el capitalismo salvaje.[lxxii]

Eso, como ha demostrado la experiencia, es un asunto triste, dañino y, sobre todo, peligroso. Digo eso ya que los principales medios de comunicación que funcionan en las plutocracias capitalistas, se han convertido en «las herramientas más poderosas usadas por la clase dominante para manipular a las masas.»[lxxiii]

Por eso uno puede ver que el pensamiento del ser humano, debido a que el mundo está lleno de plutocracias que premeditadamente permiten y desean que las élites controlen los medios de comunicación, está severamente contaminado con opiniones, creencias e ideas que provienen desde los más altos niveles de la plutocracia.[lxxiv]

Por consiguiente, aunque haga hervir la sangre es forzoso reconocer que en los países plutocráticos, capitalistas y cuasi democráticos, también llamados espejismos de la democracia, el principal propósito de los medios de comunicación «no es tanto informar sobre lo que sucede, sino más bien dar forma a la opinión pública de acuerdo a las agendas» del gran poder financiero.[lxxv]

§ 28

Los seres humanos creen que son especiales, superiores e inteligentes. Esas creencias han provocado que los seres humanos, por orgullo, crean que la abominable raza humana ha tenido la capacidad intelectual y la capacidad moral para crear un sistema verdaderamente democrático. La realidad es que los seres humanos no somos especiales, superiores ni inteligentes. Los seres humanos somos cósmicamente insignificantes, imbéciles y, sobre todo, peligrosos. De hecho, somos tan imbéciles y defectuosos que nos hemos convertido en «la principal amenaza para las otras especies, para el planeta y para nosotros mismos.»[lxxvi]

Además, la realidad enseña que los seres humanos «no hemos alcanzado la democracia, sino su espejismo.»[lxxvii] Ahora bien, ese espejismo de la democracia que hemos alcanzado merece aplausos ya que hemos creado un sistema que tiene todas nuestras perversas características.

Así, por ejemplo, la plutocracia capitalista y cuasi democrática –también llamada espejismo de la democracia– está llena de desigualdad, maldad, marrullería, cinismo, egoísmo y desinterés. Y no se puede olvidar que ese espejismo de la democracia, que está lleno de liviandad y de irresponsabilidad, tiene un elemento fundamental que está presente en toda plutocracia capitalista, a saber, «el culto del dinero, ya no como necesidad ni como factor esencial para la subsistencia, sino como clave de poder.»[lxxviii]

§ 29

En las plutocracias que se parecen a la democracia, el sistema económico dominante es el capitalismo salvaje, especialmente la versión capitalista-neoliberal. Debido a eso, los dueños del poder y de la economía hacen todo lo posible: (1) para debilitar –especialmente los servicios públicos que puedan privatizarse y venderse– todo lo que sea público; y (2) para que sus políticos títeres y tunos les pidan millones de billetes prestados a los representantes del poder financiero.

Gracias a esas acciones el gran poder financiero: (1) pone en manos privadas y capitalistas una gran porción del gobierno; (2) obtiene más fuentes de ingresos; y (3) debilita el Estado de bienestar.

Ahora bien, esto va más lejos. Digo eso ya que los dueños del poder y de la economía –los capitalistas superricos, especialmente los magnates del poder financiero–: (1) no desean que los gobiernos interfieran en sus planes; y (2) no desean que los gobiernos representen –especialmente en asuntos relacionados con dinero– una amenaza para sus negocios e intereses.

Y para dominar a los gobiernos, los capitalistas superricos que verdaderamente gobiernan: (1) colocan amigos sobornables y controlables dentro del poder judicial, dentro del poder ejecutivo y dentro del poder legislativo; y (2) utilizan políticos tunos e incompetentes para que los Gobiernos eleven las deudas gubernamentales a cantidades impagables.

Una vez ocurrido eso, los Gobiernos –pueden ser gobiernos centrales, gobiernos estatales y gobiernos de ciudades– terminan fuertemente endeudados. Y fuertemente endeudados, los gobiernos que están autorizados a endeudarse «están cada vez más sometidos a lo que dicten los grandes consorcios financieros.»[lxxix]

§ 30

Los países plutocráticos y capitalistas que se parecen a una democracia y que están bajo el control del poder financiero, nos demuestran que los principales medios de comunicación juegan un papel importantísimo a la hora de mantener el buen funcionamiento del sistema plutocrático y capitalista. En esos países, los principales medios de comunicación les pertenecen a los ricos (muchos de esos ricos tienen fuertes lazos con los ricos que están en el Gobierno) y, sobre todo, dicen «lo que al poder le interesa.»[lxxx]

Entre los asuntos que los ricos que tienen el poder y el dinero desean que los medios digan y repitan, está el asunto de repetir hasta el cansancio que los ciudadanos viven en una fabulosa democracia en la, supuestamente, existe igualdad de oportunidades para todos y todas. Además los ricos que tienen el poder, el dinero y los medios de masas, cueste lo que cueste, desean que los medios repitan hasta el hartazgo que el capitalismo salvaje y neoliberal es dizque una maravilla que puede acabar con todos los males que están relacionados con los servicios públicos.

Ahora bien, según hay asuntos que el poder desea que los medios repitan también hay asuntos que los dueños del poder no desean que se digan en los principales medios de comunicación. Así, por ejemplo, se sabe que los principales medios de comunicación que operan en las plutocracias capitalistas y cuasi democráticas, hacen todo lo que sea necesario para ocultar «la composición del poder real.» Por eso uno puede ver, en esos medios de comunicación, que «toda referencia al poder es al que está legitimado democráticamente, nunca al poder establecido o fáctico.»[lxxxi]

Dicho eso, es justo señalar que ocasionalmente se informa sobre el poder real y fáctico que existe en las plutocracias cuasi democráticas. Sin embargo, es usual que ese asunto no sea discutido con la profundidad necesaria ni con la continuidad necesaria.

Lo antes dicho ocurre por la sencilla razón de que los dueños de las plutocracias, desean mantener y robustecer el espejismo de la democracia que han creado. Para esos ricos y poderosos, la estrategia de hacerles creer a sus siervos que ellos valen y que ellos viven en una democracia con libertades es una buenísima estrategia para mantener y robustecer su poder y su control.

§ 31

Sabemos que vivimos en una plutocracia. De hecho, si usted utiliza su pensamiento crítico notará que «no hay actualmente ningún país del mundo que viva verdaderamente en democracia...».[lxxxii] También sabemos que, en este valle de angustias y de muertes causadas por la codicia salvaje, los superricos que gobiernan «no favorecen el pensamiento crítico, sino el transmitido por sus medios [de comunicación].»[lxxxiii]

Sobre esto último, es necesario tener en cuenta que los plutócratas que nos gobiernan adoran sus medios de comunicación ya que, aunque resulte triste reconocerlo, por medio de ellos nos embrutecen, nos manipulan, nos imponen sus interpretaciones de la realidad, nos mantienen calmados (sin provocar revoluciones y sin desear ardientemente desempolvar las guillotinas), nos mantienen sometidos a sus deseos y, sobre todo, nos hacen desperdiciar muchísimo tiempo. Lo antes dicho también le aplica, en gran medida, a los espectáculos *"chatarra-populares"* y a los espectáculos deportivos.

    Es por eso que los dueños del poder y del dinero, por medio de sus medios de comunicación –y no podemos olvidarnos de la publicidad y de la propaganda que tiene forma de reportaje periodístico– y por medio de sus innumerables espectáculos, nos han «librado, al decir de muchos, de la (...) manía de pensar y de la inevitable dogmática que todo pensar verdadero lleva consigo.»[lxxxiv]

    Cabe indicar, que los daños de lo antes escrito son cada vez más palpables. Así, por ejemplo, cuando los plutócratas comenzaron a utilizar a los cocineros y a los bailarines para mantenernos entretenidos y embrutecidos, no pasó mucho tiempo para que millones de personas: (a) comenzaran a desperdiciar muchísimo tiempo viendo programas de bailarines y de cocineros; y (b) colocaran a los cocineros y a los bailarines en una posición de respetabilidad social.

Por eso es que en los tiempos que corren, aunque resulte triste reconocerlo, lo que diga un cocinero estúpido que aparezca en un programa de televisión, lo que diga una culona estúpida que baile en un programa de televisión o lo que diga un «analfabeto estúpido con un tuit ingenioso vale lo mismo que lo que diga Vargas Llosa», Joseph Stiglitz (premio Nobel de Economía), Paul Krugman (premio Nobel de Economía), entre otros grandes oráculos.[lxxxv]

Ahora bien, de todas las estrategias que se usan en las plutocracias, creo que la estrategia de crear y colocar expertos y gurús de pacotilla en los medios de comunicación son las más dañinas y peligrosas.

Esos inescrupulosos individuos, muchos de ellos con credenciales impecables, son empleados del poder y hacen todo lo posible para –como hicieron los expertos de las tabacaleras y como hicieron los expertos de los satánicos capitalistas que vendían plomo por doquier– defender las acciones, las ideas y los planes de los plutócratas, aunque sean acciones, ideas y planes que estén alejados de la decencia.

Así, por ejemplo, muchos de esos expertos –a cambio de buenas sumas de dinero– son utilizados para, en los medios de comunicación, defender a los capitalistas que contaminan y que enferman. Y en estos tiempos de cambio climático abundan los expertos que son utilizados por los principales medios de comunicación para, en caso de que se publiquen estudios científicos que culpen a los magnates de la industria, negar que los amos del dinero y de las industrias estén relacionados con el cambio climático.

En fin, es triste tener que reconocer que la gran mayoría de los seres humanos está constituida por personas que no entienden que, en las plutocracias, los medios de comunicación están hechos: (a) para embrutecer, para controlar, para expandir el consumismo y para manipular a los explotables siervos de los dueños del poder y del dinero; (b) para que los explotados trabajadores acepten la esclavitud sin cadenas; y (c) para que los siervos acepten sin cuestionamientos «la agenda» política, social y económica de los dueños del poder y del dinero.[lxxxvi]

§ 32

En las plutocracias, en este momento, los superricos tienen todos los recursos para dominar y gobernar. Sabemos que esos poderosos ricos tienen los billetes para contratar a las mejores mentes. También sabemos que los superricos, especialmente los del poder financiero y los del poder industrial, tienen los billetes para comprar y controlar la administración pública por medio de grupos de personas influyentes y organizados para presionar en favor de determinados intereses, «aportaciones a las campañas, sobornos y otras formas de presión financiera legal o ilegal.»[lxxxvii]

Y no olvidemos que los dueños del poder y del dinero, en las plutocracias con derecho al voto y con otros derechos, tienen innumerables medios de comunicación para manipularnos y moldearnos. Y tenga en cuenta que dije que los ricos tienen innumerables medios de comunicación para dominarnos ya que, además de que casi todos los principales medios de comunicación son propiedad de multimillonarios que les donan billetes a los políticos y que contratan a los familiares y a los amigos cercanos de los políticos, «los medios de comunicación son formas de medios diseñados para alcanzar la mayor audiencia posible, que incluyen televisión, películas, radio, periódicos, revistas, libros, discos, videojuegos e Internet.»[lxxxviii]

Como usted pudo ver, en las plutocracias capitalistas casi nadie puede escapar de la poderosa influencia de los innumerables medios de comunicación. Es por eso que por medio de los medios de comunicación –y de la publicidad y de la propaganda– de los dueños del poder y del dinero, «nuestras mentes son moldeadas, nuestros gustos formados, nuestras ideas sugeridas...».[lxxxix]

También usted pudo ver que el poder, el control y la influencia de los ricos, en las plutocracias capitalistas, son unos asuntos que, en los tiempos que corren, sorprenden, preocupan y asustan. Y eso sorprende, preocupa y asusta ya que, peor que en los tiempos que corren, en el futuro la situación será tan negativa que el control que tendrán los superricos sobre los cerebros de sus explotables siervos, además de ser imperceptible para la gran masa, será mayor.

Digo eso ya que, además de que los políticos y los medios de comunicación seguirán siendo propiedad de los boyardos de la economía, los dueños del poder y de la economía convertirán las instituciones de educación superior en meras fábricas de profesionales y de trabajadores.

Esos trabajadores –como los mecánicos y los paramédicos– y esos profesionales (como los abogados, los médicos, los farmacéuticos y los científicos), a pesar de que tendrán los conocimientos para realizar sus correspondientes tareas, no tendrán un buen pensamiento crítico y tampoco tendrán las herramientas intelectuales que serán necesarias para tener una buena comprensión sobre los trapos sucios de la realidad. Debido a eso es que sostengo que, el control de los ricos sobre sus explotables y usables siervos será mucho más fácil en el futuro.

Es necesario tener en cuenta que, para convertir las instituciones de educación en fábricas de siervos que estén dispuestos a convertirse en meras ruedas pacíficas del sistema capitalista y plutocrático, los dueños del dinero y del poder aumentarán la presión: (1) para que las clases de Humanidades –especialmente las de filosofía– sean opcionales; y (2) para que las instituciones de educación superior eliminen las clases que estén relacionadas con la filosofía.

Debe notar que, arriba, escribí que se aumentará la presión. Escribí eso ya que los dueños del dinero y del poder, sin mucho ruido, llevan tiempo haciendo lo antes indicado. Una mirada al panorama mundial demuestra que las Humanidades han estado perdiendo importancia por motivo de que, para complacer a los dueños del comercio, de la industria y del poder financiero, «se cambiaron las prioridades educativas con el objetivo de formar personas únicamente para producir»,[xc] no para pensar con profundidad.

Ahora bien, es justo señalar que en los tiempos que corren no se puede comer, a menos que se tengan conexiones políticas o sociales, con una licenciatura en filosofía o con una licenciatura en literatura. Por consiguiente, no es mala idea eliminar la licenciatura en filosofía y la licenciatura en literatura. También creo que se debe eliminar, pero manteniendo cursos obligatorios sobre los asuntos, la licenciatura en criminología, la licenciatura en justicia criminal y la licenciatura en historia. Sin embargo, lo que no se puede hacer es eliminar de los planes de estudio la obligatoriedad de las clases que estén relacionadas con las Humanidades, especialmente las de filosofía.

De hecho, todo estudiante universitario debe tomar varios cursos de filosofía, en especial cursos que estén relacionados con el pesimismo filosófico y, sobre todo, con la ética. Sería absurdo que en el complicado mundo del futuro, el estudiante universitario no tenga contacto con la filosofía. Puesto que la filosofía, que no ofrece soluciones, nos brinda las herramientas para fortalecer el pensamiento crítico –que es un asunto distinto al método científico– y nos brinda herramientas para «interpretar la sociedad en que vivimos.»[xci]

Sobre el asunto de los cursos de filosofía que están relacionados con la ética y con la justicia, es clarísimo que todo estudiante universitario tiene que tomar –hoy día, mañana y hasta que el planeta se haga trizas– varios cursos sobre dichos asuntos.

De hecho, el estudiante universitario tiene que estar bien preparado sobre asuntos éticos y sobre asuntos filosóficos ya que, cuando salga a la calle se encontrará con una enorme trulla de cínicos, marrulleros y embusteros que hará todo lo posible para que realice o permita la realización de actos antiéticos.

Y no se puede olvidar que el estudiante universitario, en los tiempos que corren –y será peor en el futuro–, cuando salga a la calle a trabajar y a sobrevivir no tendrá buenos modelos de conducta. Digo eso ya que todos hemos visto que «ni los políticos, ni los financieros, ni los líderes comunitarios, hacen gala de poseer unos valores morales por los que guíen sus actos más allá de lo que les dictan sus propios intereses egoístas.»[xcii]

§ 33

En las plutocracias, aunque se puede decir que en el mundo, el dinero es el «bien supremo.»[xciii] Todos los ciudadanos, desde políticos hasta errabundos, buscan dinero en todo momento. Ahora bien, son muchos los asuntos negativos que ocurren en toda plutocracia por ser el dinero el bien supremo.

Así, por ejemplo, en toda plutocracia se puede ver que el dinero es la regla que se utiliza para socialmente valorar a una persona. Y no se puede negar que el dinero, en toda plutocracia, es el que abre puertas, el que brinda oportunidades y, sobre todo, el que consigue mover a los políticos y a los administradores públicos. Inclusive, el dinero se ha convertido en un bien tan supremo que «hasta en los culebrones de cualquier origen el dinero es el protagonista indiscutido.»[xciv]

Es por eso que en toda plutocracia, por encima de un elevado coeficiente intelectual y por encima de consideraciones meritorias, una buena parte de la existencia humana se rige por la siguiente regla: «tanto tienes, tanto vales. Tanto tienes, tanto puedes.»[xcv]

§ 34

La plutocracia, cuando uno toma distancia y la mira con perspectiva, es un sistema casi perfecto. Digo eso ya que en la plutocracia, especialmente en la plutocracia altamente desarrollada (como EUA), casi todo tiene sentido y todo está organizado teniendo en cuenta un solo asunto, a saber, el dinero. Voy a explicar esto con más detalle.

En la plutocracia el dinero lo es todo, hasta el punto que «el dinero es el que habla, el que imprime, el que radia, el que reina...».[xcvi] Como resultado de eso, el dinero es convertido en «el gran dios.»[xcvii] Y por ser el gran dios, el dinero es convertido en un bien supremo con la capacidad de brindar derechos, oportunidades, audiencias, oídos, sirvientes y posiciones de mando. Por eso es correcto decir que el dinero, en las plutocracias, tiene «voz.»[xcviii]

Además, en las plutocracias el dinero es convertido en la verdadera fuente del poder. O, por decirlo de otra manera, el verdadero poder proviene del dinero, no de la voluntad de la chusma. Debido a eso, los que tienen muchos billetes son los que verdaderamente gobiernan y mandan en las plutocracias cuasi democráticas. Y debido a eso es que los gobiernos están llenos de seres humanos que, al igual que las y los vendedores de sexo, están dispuestos a ñangotarse ante los multimillonarios que, por tener muchísimos billetes y muchísimos siervos en los gobiernos, tienen mucho poder.

A lo dicho se le suma el hecho de que, en las plutocracias hay una regla social no escrita que establece que el que más dinero tenga «más vale.»[xcix] Es por eso que millones de ciudadanos, desde culeros hasta catedráticos universitarios, creen que el valor de una persona se mide observando y analizando la ropa que utilice, el auto que conduzca, la casa en la viva y, por supuesto, los muchos billetes que tenga en sus cuentas de banco. Por eso es que en las plutocracias, gústenos o no, tener muchos billetes, tener fama de tener muchos billetes y ostentar que se tienen muchos billetes se ha convertido en «símbolo de valor y de poder.»[c]

También debe tenerse en cuenta que el dinero, en las plutocracias capitalistas, hace que los ricos con gran inteligencia y con astucia se unan y formen grupos poderosísimos. Esos grupos, hoy día son llamados multinacionales.

Muchas de esas multinacionales, controlan el mercado de los combustibles fósiles; otras pocas multinacionales controlan la venta de bienes muebles. Y otras pocas multinacionales, las más poderosas de todas, controlan los asuntos económicos. Es por eso que las multinacionales, especialmente las multinacionales que están relacionadas con los asuntos financieros, «están decidiendo nuestros destinos y están gobernando a nuestros gobiernos.»[ci]

Capítulo tres
Plutocracia y el derecho al voto

§ 35

Las plutocracias capitalistas que juegan a la cuasi democracia, son excelentes para engañar al pueblo. En esos países los dueños del dinero, del poder y de las empresas (entre ellas están los medios de comunicación), han creado un extraordinario engaño por medio del cual la gente explotada cree que utiliza su supuesto derecho al voto para, según sus supuestos deseos, colocar la alta administración gubernamental en pocas manos.

Sin embargo, esas manos gubernamentales no son más que manos «de títeres, pues (...) el poder real no es ejercido por quienes aparentemente lo detentan y ostentan.»[cii] El poder real, en los países plutocráticos y capitalistas, es indirectamente ejercido por ese todopoderoso soberano llamado el poder financiero.

Lo que ocurre es que los gerifaltes del gran poder financiero, que usualmente no desean exposición pública, utilizan a sus siervos en los poderes públicos para imponer sus deseos y para imponer sus planes. Y lo hacen de esa manera ya que ellos y ellas saben que, estratégicamente, toda plutocracia capitalista y cuasi democrática necesita dar la imagen de que es una democracia.

§ 36

En los países plutocráticos en los que se juega a la cuasi democracia, es normal que el ciudadano crea que por medio del voto popular puede cambiar a los políticos que están en el poder. Ahora bien, una cosa es cambiar a los políticos que administran el monstruo gubernamental y otra cosa es cambiar a las personas que realmente tienen el poder y el control. Digo eso ya que el poder, en los países plutocráticos y capitalistas que utilizan el disfraz de la democracia para mantener tranquilos a los explotables humanos, es permanente. Las plebes, que están sometidas a los deseos de los dueños del poder y de la economía, no tienen los recursos, las armas ni la valentía para «cambiar el poder.»[ciii]

Inclusive, en los mencionados países ocurren cambios en las altas esferas administrativas de los gobiernos ya que los dueños del poder y del dinero desean que ocurran esos cambios. En ocasiones, los dueños del poder desean los cambios ya que no están contentos con las labores de los altos administradores gubernamentales; y casi siempre ocurren cambios por razón de que los dueños del poder desean que el explotado pueblo crea que tiene valor y poder.

§ 37

Aunque en las plutocracias disfrazadas de democracia el pueblo se divierte en los eventos electorales, la realidad es que el derecho al voto únicamente funciona para seleccionar a políticos de bajo nivel y de baja importancia. Así, por ejemplo, en los campos de Estados Unidos el derecho al voto funciona para que la chusma seleccione a los pequeños políticos que, localmente, estarán a cargo: (1) de brindar servicios; y (2) de saquear las arcas locales para beneficiar a sus amigos, a sus familiares y a sus amantes.

Ahora bien, cuando hablamos de la alta esfera gubernamental de un país plutocrático y capitalista, el derecho al voto del pueblo se convierte en una ficción perfectamente elaborada. Es decir, el pueblo cree que libremente participa en los eventos electorales de alto nivel. Sin embargo, la realidad y la historia demuestran que los políticos de alto nivel son exclusivamente seleccionados, en los países plutocráticos y capitalistas en los que se juega a la democracia, por los dueños de la economía y de la industria.

Es por eso que en los países supuestamente democráticos, como Estados Unidos de América y España, los políticos de alto nivel, además de ser seleccionados y ungidos por los dueños del dinero, «son meros empleados de los grandes capitales que invierten lo necesario para que salgan elegidos sus chicos...».[civ]

§ 38

Para muchas personas que viven en plutocracias capitalistas que aparentan ser democracias, la política no es más que «una actividad mediocre y sucia, que repele a los más honestos y capaces, y recluta sobre todo a nulidades y pícaros que ven en ella una manera rápida de enriquecerse.»[cv]

A lo dicho se le suma el hecho de que muchas personas que viven en las mencionadas plutocracias han dejado de votar ya que, además de conocer lo anterior, se han percatado de que la política –aunque existan varios partidos políticos– es una actividad engañosa que es utilizada: (1) para proteger a los ricos capitalistas que son dueños del poder y de los puestos de trabajo; y (2) para «enriquecer» a los altos ejecutivos del poder financiero.[cvi]

Sobre lo antes escrito, creo que las personas que han dejado de participar en asuntos políticos y que han dejado de votar en esos simulacros –llamados eventos electorales– para seleccionar gobernadores, senadores, presidentes, entre otras nulidades, lo han hecho bien. El derecho al voto, en este mundo plutocrático, no vale nada. Como dije antes, los políticos electos ocupan sus puestos para ganar buen dinero, para ayudar a sus acólitos, para ayudar a sus familiares, para ayudar a sus donantes más ricos y para ñangotarse ante los dueños del dinero y del poder.

Además, se sabe que todo gobierno – aunque esté lleno de políticos barbudos e izquierdosos que vociferen el embuste que sostiene que el explotable pueblo es el soberano, o que vociferen el embuste que sostiene que la democracia existe– está obligado a «cumplir lo que dicten los mercados.»[cvii]

En fin, en vez de perder el tiempo participando –por medio del supuesto derecho al voto– en una elección general, utilice dicho día para realizar alguna actividad que le agrade. No pierda su tiempo y no se deje engañar por los plutócratas que tienen el poder permanentemente agarrado.

§ 39

No quiero ser aguafiestas, pero tengo la obligación de decirle a la gente que todavía cree en la existencia de la democracia: (1) que este mundo está bajo el dominio del «imperialismo internacional del dinero»;[cviii] (2) que vivimos en una plutocracia; y (3) que un sistema plutocrático «puede instalarse a partir del ejercicio indirecto del poder político concretado por las clases altas, quienes dominan la economía.»[cix]

Debido a eso, creer que el derecho al voto funciona para seleccionar a altos políticos que pongan en todo lo alto el mejor bienestar del pueblo, por encima de los planes de los plutócratas, es pura ilusión. Lo antes dicho, cuando uno toma distancia y lo mira con perspectiva, se nota en los países desarrollados como en los países subdesarrollados. Ahora bien, en los países subdesarrollados no se nota con mucha claridad lo antes dicho, puesto que los centros financieros de dichos países no son tan grandes como los que existen en las plutocracias ricas y altamente desarrolladas.

A pesar de eso, es en los países subdesarrollados en donde el derecho al voto para seleccionar a los altos gobernantes llega a los máximos límites de la ilusión democrática. Digo eso ya que los mencionados países, a pesar de que tienen pequeñas plutocracias y a pesar de que los eventos electorales suelen mover grandes cantidades de personas, son controlados y gobernados desde los lustrosos edificios de las grandes «instituciones financieras internacionales.»[cx]

En el caso de los países altamente desarrollados y plutocráticos, como Estados Unidos de América y el Reino Unido, se puede decir, a pesar de que existe la quimera de la democracia con derecho al voto, que todos los ciudadanos, sin tener que realizar grandes esfuerzos, pueden claramente observar que viven en unas plutocracias neoliberales que no permiten que las chusmas se envuelvan en las elecciones que estén relacionadas con los altos gobernantes.

En primer lugar, en las plutocracias desarrolladas y ricas todos los ciudadanos pueden observar que, dentro de los grandes centros financieros, hay unos grandiosos y majestuosos palacios. Y esos palacios de los capitalistas milmillonarios, aunque alguna gente no lo desee aceptar, son mensajes que les dicen a los ciudadanos de a pie que los verdaderos dueños del poder, del dinero y de la alta política están relacionados con esos palacios.

Otra realidad que ven los habitantes de las plutocracias neoliberales, ricas y desarrolladas, es la que enseña que los gerifaltes del capitalismo – tenga en cuenta que en esos países, el capitalismo dominante[cxi] es el «capitalismo financiero»–, además de tener los mencionados palacios, tienen los billetes y los medios de comunicación para echar al zafacón el derecho al voto de la chusma, especialmente el que está relacionado con puestos gubernamentales de alta jerarquía.

Por eso es que, aunque las constituciones digan que el pueblo es soberano y aunque digan que la chusma puede utilizar su derecho al voto en las elecciones que están relacionadas con los altos gobernantes que tienen el mando de las fuerzas armadas, la realidad enseña que son los capitalistas milmillonarios los que, en las plutocracias desarrolladas y ricas en las que el espejismo de la democracia está bien montado, determinan «quién ganará las elecciones y consiguientemente decretará los temas de la agenda nacional que habrán de impulsarse.»[cxii]

Ahora bien, como la administración pública está dividida en poderes en las plutocracias capitalistas, neoliberales, ricas, desarrolladas y disfrazadas de democracia, los gerifaltes del capitalismo también utilizan sus interminables billetes (para donativos y para pagar los gastos de las campañas de los políticos), sus múltiples medios de comunicación y sus innumerables grupos de presión para asegurarse de que, sin importar las quejas y las protestas de los ciudadanos, siempre tendrán la mayoría dentro del poder legislativo.

Es por eso que en esos países, gracias a los billetes de los plutócratas y sin importar el derecho al voto de la gente, el máximo gobernante (llámese presidente, primer ministro o como sea) y la inmensa mayoría de los altos legisladores (como, por ejemplo, la mayoría de los congresistas de EUA) no son más que «simples administradores, siervos fieles de sus mecenas a quienes deben obedecer y asegurar fórmulas apropiadas para que recuperen la inversión.»[cxiii]

Ahora bien, sin importar las diferencias que puedan existir en los países, la realidad es que los países subdesarrollados y los países desarrollados tienen plutocracias y están bajo el control de los millonarios del gran poder financiero.

Si vamos a los países pobres veremos que, sin importar elecciones y con la ayuda de las plutocracias locales, el poder financiero internacional es el que gobierna y, sobre todo, el que exprime a los habitantes por medio de la deuda externa.

Y dije que el poder financiero internacional exprime a la gente que vive en los países pobres y endeudados ya que, para los altos y ricos ejecutivos del poder financiero internacional «la humanidad es un gran banco, con innumerables ventanillas, todas con rejas, todas para el cobro. Lo esencial no es que la gente coma o tenga techo o cuide su salud o haga el amor; lo esencial es que la gente pague.»[cxiv]

En cambio, si vamos a Europa veremos que todos los países endeudados, sin importar reyes, presidentes o primeros ministros, están controlados por «...grandes empresas financieras que no han sido votadas por nadie.»[cxv]

Y si vamos a Estados Unidos de América, que es una plutocracia desarrollada que tiene derechos y que tiene muchos medios de comunicación para manipular el pensamiento de la gente, veremos que el poder financiero, que no han sido votado por nadie, es el que –detrás de los políticos de alto nivel– verdaderamente gobierna. También veremos que el poder financiero «de Estados Unidos, que ya ha ganado práctica en explotar a estadounidenses que viven en niveles de pobreza, ha ampliado sus esfuerzos, expandiéndolos a nivel mundial.»[cxvi]

En fin, cierro este pensamiento recordándole que los altos y ricos ejecutivos del poder financiero son los que, en los tiempos que corren, están timoneando el mundo. Y los endeudados países, que han sido reducidos a la categoría de aldeas, están obedeciendo las decisiones del poder financiero «con muy poca resistencia entre los principales partidos, ya que éstos buscan ser merecedores de confianza por ese capital para llegar a gobernar...».[cxvii]

Debido a todo lo antes discutido es que sostengo que, además de que estamos en plena plutocracia, el derecho al voto –que ocupa una posición importantísima en la utópica doctrina de la democracia– se ha convertido en una quimera. Y es una quimera ya que, «si los mercados están por encima de la ciudadanía y los Gobiernos se pliegan a sus exigencias no hay democracia.»[cxviii] En ese caso, lo que hay es una flagrante plutocracia.

Capítulo cuatro
Estados Unidos es una plutocracia desarrollada

§ 40

En las plutocracias capitalistas y cuasi democráticas, la lucha entre las clases sociales es palpable. Es por eso que, es erróneo decir que la lucha entre clases sociales ha terminado; también sería erróneo decir que la lucha entre pobres y multimillonarios es mínima. Ahora bien, es necesario mencionar que las batallas entre las clases sociales, en las plutocracias capitalistas y cuasi democráticas, se están dando en las sedes de los poderes legislativos. Aunque no se puede pasar por alto que, en ocasiones, las batallas tienen lugar en las sedes del poder judicial.

Cabe mencionar que los multimillonarios que defienden a sus respectivos sistemas plutocráticos y capitalistas, están utilizando a sus títeres en la política para bloquear toda iniciativa legislativa que busque: (1) afectar los bolsillos de los ricos; (2) minimizar significativamente el control de los ricos sobre la política y el Gobierno; y (3) aumentar la fiscalización gubernamental –especialmente la fiscal– sobre los negocios de los gerifaltes del capitalismo.[cxix]

Lo antes mencionado me ha hecho recordar lo que está ocurriendo en Estados Unidos de América. En esa plutocracia capitalista, en donde muchas empresas contaminadoras del aire tienen un papel protagónico en el asunto del cambio climático, la desigualdad económica y la desigualdad en las oportunidades es grandísima.

Para tratar de minimizar esos bochornosos asuntos, los defensores de la clase social pisoteada y fastidiada están utilizando a los pocos políticos decentes que quedan para (por medio de proyectos de ley) tratar de realizar unos simples cambios «–incluyendo la aplicación de niveles más altos de impuestos a las ganancias de capital y las herencias (...)–» que, como ha demostrado hasta el cansancio la ciencia económica, «reducirían la desigualdad y aumentarían la igualdad de oportunidades de manera muy notable.»[cxx]

Sin embargo, los milmillonarios y los ricos que tienen el timón del gobierno plutocrático están trabajando durísimo para que tales medidas, que no son más que medidas de justicia social, no puedan convertirse en leyes. Inclusive, en EUA abundan los legisladores federales que, por defender a sus ricos y capitalistas mecenas, proponen que los impuestos que pagan los ricos sean reducidos. Y no se puede olvidar que también hay legisladores codiciosos y tunos que, diciendo que los pobres y los hambrientos son plagas, proponen reducir los cupones o vales para alimentos.[cxxi]

§ 41

En una democracia real, el pueblo (el supuesto soberano) tiene facilidad para realizar cambios significativos con la finalidad de minimizar las injusticias y las desigualdades injustas. Así, por ejemplo, si los ciudadanos (la mayoría) entienden que es injusto que los ricos reciban beneficios económicos injustos por el simple hecho de que puedan depositar fuertes cantidades de dinero en los paraísos fiscales, los ciudadanos podrían –por medio del poder legislativo o por medio de referendos que tengan fuerza de ley– reducir o eliminar esos injustos beneficios.

En cambio, en una plutocracia se da el fenómeno de que los ciudadanos, por ser meros sirvientes de los ricos, no tienen facilidad para minimizar las injusticias y las desigualdades económicas que, bochornosamente, están escritas en las normas jurídicas.

Eso ocurre, obviamente, por motivo de que los dueños del poder y del dinero utilizan sus billetes: (a) para comprar los cerebros de los legisladores; (b) para impedir toda acción popular o legislativa que busque terminar con los beneficios injustos que reciben los ricos; y (c) para llenar los edificios del poder legislativo y los edificios del poder ejecutivo con personas influyentes, organizadas, marrulleras, listas y especializadas en la acción de presionar en favor de los intereses de sus ricos mecenas.

Es por eso que, por ejemplo, si vamos a la afamada plutocracia llamada los Estados Unidos de América veremos que la política «ha sido tan profundamente corrompida por el dinero (...) que hay pocas posibilidades de que, incluso una persona bien intencionada, pueda promover un cambio real en el Congreso.»[cxxii]

§ 42

Cuando usted escuche a una persona diciendo que la democracia existe, y cuando usted escuche a una persona diciendo que Estados Unidos de América es una democracia, tenga en cuenta que esas palabras son, como regla general, chistes. Ahora bien, si usted nota que la persona mencionó lo antes dicho de manera convincente, aparentando que cree en lo que dijo, entonces usted debe pensar que la persona ha sido severamente embrutecida por el sistema.

Solo un embrutecido puede pensar que Estados Unidos de América, donde un puñado de capitalistas poderosos y «multimillonarios es quien decide quiénes mandan», es una democracia.[cxxiii] Y solo un embrutecido puede creer que la grandiosa democracia, con su idea de igualdad de oportunidades para todos y con su idea de justicia social para todos, ha podido ser implementada por la raza humana.

A lo dicho se le suma el hecho de que este maldito mundo es, por decir lo menos, «el peor de los mundos posibles, y la obra de un demonio.»[cxxiv] Y en un lugar así, lleno de demonios humanos, es imposible que pueda crearse un sistema realmente democrático.

§ 43

Todos sabemos, y no hay por qué andar con tapujos ni hipócritas atenuaciones, que Estados Unidos de América es una plutocracia en la que los miembros de las clases trabajadoras y los ricos sin mucho cerebro –como los jugadores del deporte profesional y los artistas de la música– están al servicio de la multimillonaria y poderosa élite que, detrás de la oficina presidencial y detrás del Congreso, gobierna y manda.

De hecho, la poderosa élite financiera –que tiene dentro de su seno a los titanes de la industria y a los titanes del comercio– es la que realmente manda en los Estados Unidos de América. Ni el presidente de los Estados Unidos de América, que se ha convertido en una figura decorativa con «poderes limitados»,[cxxv] tiene más poder que dicha élite. Nada, ni el desarrollo de un nuevo medicamento para salvar vidas, se mueve en ese país si la mencionada élite no da su aprobación y, por supuesto, su dinero.

En el caso del poder legislativo, que los libros de texto embusteramente dicen que es el representante del pueblo, el control de los plutócratas superricos que gobiernan y que deciden es sumamente claro. Digo eso ya que el Congreso de los Estados Unidos de América, que está lleno de personas que reciben billetes por parte de los gerifaltes del capitalismo, es un poder público corrupto y elitista: (1) que es asesorado por grupos de presión que son controlados por la élite superrica; y (2) que está bajo el total control (por lo menos la mayoría de los legisladores) de una «oligarquía millonaria que ha llevado a que en Estados Unidos no haya conexión entre lo que el votante medio desea y lo que el Gobierno finalmente hace.»[cxxvi]

§ 44

En las plutocracias desarrolladas y capitalistas, existen puertas giratorias; y por esas puertas giratorias suelen pasar altos asesores del poder económico y altos ejecutivos del poder económico. Es por eso que uno puede ver que, muchos altos miembros del poder financiero pasan a trabajar para el Gobierno y una vez culminadas sus tareas regresan a sus sillas dentro del poder financiero.

Ahora bien, lo más lamentable sobre ese asunto es que muchos altos políticos saben sobre la existencia de dichas puertas giratorias. Como resultado de eso, muchos altos políticos y muchos altos asesores utilizan sus puestos en el Gobierno: (a) para complacer y proteger a los gerifaltes del poder económico; y (b) para asegurarse un pase por las puertas giratorias.

Dicho eso, tengo que reconocer que en los Estados Unidos de América ocurren situaciones como las indicadas. Digo eso ya que los legisladores de los Estados Unidos de América, que reciben fuertes donaciones por parte de capitalistas millonarios que tienen un fuerte interés en que muchas de sus ideas sean impuestas por el Gobierno, saben que si se ñangotan y les sirven bien «al 1 por ciento [más rico] serán recompensados por el 1 por ciento [más rico] cuando dejen sus cargos.»[cxxvii]

§ 45

Tengo que reconocer que las plutocracias capitalistas, poderosas y cuasi democráticas, son dirigidas por personas extremadamente listas e inteligentes. Esos individuos, por medio de sus medios de comunicación y por medio de sus nulidades y pícaros en la política, han creado y fortalecido la ilusión de la democracia.

Gracias a esa permanente y bien montada ilusión de democracia, los verdaderos dueños del poder y del dinero: (a) pueden imponer sus planes sin muchos problemas; y (b) pueden dirigir los países sin muchos problemas. Es por eso que uno puede ver que en las plutocracias capitalistas, como Estados Unidos de América, los gerifaltes del gran poder financiero (hoy día, el poder financiero aglutina al poder económico y al poder comercial) «mandan prácticamente en todos los aspectos de la política interior.»[cxxviii]

§ 46

En las plutocracias capitalistas y cuasi democráticas, los ricos son los que hacen las reglas que están relacionadas con los asuntos comerciales y financieros. Debido a eso, los ricos utilizan a los políticos comprados para crear leyes y reglamentos en los que se deje claro que los ciudadanos de a pie son los que tendrán que pagar y arreglar las consecuencias de las malas acciones ejecutadas por los magnates del poder financiero.

Es por eso que, por ejemplo, en Estados Unidos de América (que es una plutocracia) abundan las normas que establecen que los trabajadores comunes y corrientes tienen que sacrificar sus ahorros, sus empleos, sus casas, sus planes de retiro, sus formas de vida y «su bienestar para proteger a banqueros ricachones de las consecuencias de sus imprudencias.»[cxxix]

Capítulo cinco
Añadidos y apuntes marginales

§ 47

«El engaño es la gran marca de la época.»[cxxx] Y de todos los engaños que hay por doquier, el engaño de la democracia es el más extraordinario. Digo eso, en primer lugar, por motivo de que billones de seres humanos, a pesar de las evidencias, creen que viven en una democracia. También sostengo lo anterior ya que ni el método científico, ni el pensamiento crítico, ni las universidades ni las advertencias de los oráculos más respetados, han logrado derrumbar dicho sofisticado engaño.

Eso demuestra que el gran engaño democrático o el gran espejismo de la democracia (la plutocracia disfrazada de democracia), como el embuste de que hay seres sobrenaturales, durará muchísimo tiempo. También demuestra que los seres humanos, en asuntos relacionados con la política y con el gobierno, son necios y están ciegos y sordos. Puesto que creer que se vive en una democracia, a pesar de que todo demuestra que el verdadero poder está en manos de una facción rica, pequeña e inteligente llamada «la plutocracia», es una creencia quimérica, ilusoria, errónea y, sobre todo, absurda.[cxxxi]

En fin, merecen aplausos los plutócratas que día a día, por medio de los *mass media*, fortalecen el engaño de la democracia. Por medio de esas acciones, estoy seguro, la plutocracia disfrazada de democracia durará muchísimo tiempo. Mientras la gente esté embrutecida, engañada, entretenida, explotada y deseando las fruslerías que estén de moda en los centros comerciales, no podrá ver las cosas como son. Y eso es malo ya que, «hay que ver las cosas como son si se desea modificarlas.»[cxxxii]

§ 48

Sabemos que vivimos en una plutocracia en la que los gobiernos, aunque tengan presidentes, reyes o primeros ministros, «no son más que los comisarios políticos del poder económico.»[cxxxiii] También sabemos que la plutocracia «es un sistema de gobierno en el que el poder lo ostentan quienes poseen las fuentes de generación de riqueza.»[cxxxiv] Ahora bien, debe quedar claro que la plutocracia moderna tiene la peculiaridad de que, a pesar de que uno pueda encontrar algunos ricos en las altas esferas del gobierno plutocrático, los superricos que verdaderamente gobiernan no son elegidos, no están «físicamente en el gobierno» y no suelen ser vistos.[cxxxv] Es por eso que el poder de los plutócratas, en todos los países que dicen ser democráticos, es ejercido: (a) por medio de políticos marrulleros que reciben billetes, regalos y donativos;

y (b) por medio de los ricos que están físicamente en el gobierno.

§ 49

En las plutocracias, a pesar de que los ciudadanos creen que los Gobiernos son democráticos, los dueños del dinero y del poder tienen –entre otros beneficios– «patente de corso para reírse en plena cara de los ciudadanos de a pie. Legislan a su antojo, vulneran derechos fundamentales y se embolsan los réditos de sus acciones a la prístina luz del día.»[cxxxvi]

Sobre el asunto de legislar a su antojo por medio de sus corruptos amigos en el Gobierno, es sorprendente observar que los plutócratas que controlan y dominan, entre otros beneficios, pueden cometer abusos contra ciertos menores de edad. Y eso sorprende ya que los plutócratas de la industria, mientras progenitores, maestros y familiares son investigados y acusados por las autoridades por haber cometido actos de maltrato negligente, tienen la bendición del Derecho para maltratar y recibir beneficios económicos por medio de actos abusivos contra menores de edad.

Un buen ejemplo sobre esto, proviene desde Estados Unidos de América. Allí, en donde muchos progenitores son acusados por cometer actos de maltrato negligente contra menores de edad, los poderosos y multimillonarios capitalistas de la industria del tabaco tienen los permisos gubernamentales para, gracias a sus amigos en el Gobierno, contratar menores de edad.

Esos menores de edad –muchos de ellos son adolescentes latinoamericanos y muchos otros son adolescentes de ascendencia latinoamericana–, ganan pésimos salarios por trabajar en las plantaciones de tabaco. Ahora bien, lo más sorprendente es que esos menores de edad, soportando náuseas y mareos por los efectos de la nicotina, suelen trabajar «entre 11 y 12 horas al día y, muchas veces, sin la protección adecuada, con dificultades para utilizar el baño y con insuficiente acceso a agua.»[cxxxvii]

§ 50

Puede haber un sistema plutocrático en una república; también puede haber un sistema plutocrático en una monarquía. Y, como hemos visto, puede haber un sistema de gobierno plutocrático dentro de un país que, republicano o monárquico, diga que es democrático. Es por eso que, hoy día, lo más que hay en el mundo son unos sistemas plutocráticos en los que, gústenos o no, los capitalistas superricos son los que gobiernan. De hecho, sabemos que los Gobiernos son realmente dirigidos por capitalistas superricos que están ligados a la industria, a la «industria militar», al «sector financiero» y, sobre todo, a las «grandes multinacionales.»[cxxxviii]

Ahora bien, a la cabeza de todos esos capitalistas superricos están los gerifaltes del gran poder financiero. Es decir, hoy día es el gran poder financiero el que verdaderamente gobierna y el que realmente tiene el título de soberano. De hecho, debido a que el poder financiero «pasó a concentrar el mayor poder político de la historia»,[cxxxix] se puede decir que el emperador del mundo es el poder financiero.

§ 51

Los ricos y poderosos que controlan las plutocracias, aunque reconocen que pueden haber excepciones, piensan que los ciudadanos de a pie, al igual que los ricos que no están relacionados con los círculos plutocráticos, son unos explotables soplagaitas que, a menos que hayan recibido una educación de alta calidad en las mejores instituciones de educación superior, no tienen la inteligencia, la frialdad, la personalidad ni los conocimientos para dirigir los destinos de las naciones. Y tienen, en parte, razón los plutócratas que piensan de la mencionada manera, ya que «la gran masa piensa muy poco, puesto que carece de tiempo y de práctica.»[cxl] Además, para la gran masa «el pensamiento es una carga y una pena.»[cxli]

Es por eso que en las mencionadas *«democracias light»,* aunque las constituciones digan que las chusmas son el soberano, mientras los plutócratas gobiernan la gente –incluyendo la gente que tiene muchos billetes– que no está relacionada con los plutócratas (recuerde que hay personas que asesoran y ayudan a los plutócratas) no puede tomar decisiones sobre un sinnúmero de «asuntos públicos», especialmente sobre los que están relacionados con la industria, el comercio, las finanzas y la economía.[cxlii]

§ 52

Aunque triste, es necesario reconocer que la plutocracia siempre existirá. No hay forma, ni la habrá, para eliminar la plutocracia. Ya sea dinero, oro, plata o piedras preciosas, los que tengan los bienes económicamente valiosos serán los dueños y los amos del mundo.

Eso, para algunos, puede sonar inquietante. Sin embargo, la historia demuestra que la plutocracia nos ha acompañado a lo largo y ancho de la historia. De hecho, una breve mirada a cualquier libro de historia serio nos demuestra: (a) que los ricos siempre han sido «poderosos»; y (b) que «siempre hubo elementos de la plutocracia en todas las sociedades.»[cxliii]

Por consiguiente, si tener mucho dinero siempre ha significado –tanto en el pasado como en el presente– tener poder, es absurdo creer que la situación cambiará en el futuro.[cxliv] Ahora bien, el hecho de que no podamos cambiar el sistema plutocrático no significa que no podamos mejorarlo un poco. Fortalecer los sistemas de salud y los sistemas de seguridad social, si nos esforzamos, son acciones que están a nuestro alcance.

También está a nuestro alcance, siempre y cuando estemos dispuestos a luchar por ello, cambiar varias leyes para que podamos, como hacen los suizos, participar en referendos que tengan fuerza de ley.

Debe tener en cuenta que menciono a los suizos ya que en Suiza, mientras en otros países supuestamente democráticos las opiniones de los ciudadanos de a pie no sirven de mucho durante la aprobación y la derogación de las leyes, los habitantes lucharon para tener un sistema mediante el cual, por medio de «frecuentes referendos a nivel nacional o de cantones», pueden opinar, imponer y escoger políticas públicas sobre cualquier tipo de cuestión.

Así, por ejemplo, los suizos opinan y «escogen desde políticas de inmigración hasta el desarrollo de la infraestructura ferroviaria, pasando por las reservas de oro del país.»[cxlv]

Cabe añadir, sobre el asunto de los referendos, que «los suizos tienen el derecho de solicitar un referéndum sobre cualquier tipo de cuestión si logran recaudar 100.000 firmas. Los resultados tienen efecto legislativo» y están, como debe ser, por encima de los políticos marrulleros.[cxlvi]

§ 53

Debe quedar claro, ya que muchos lo ignoran, que la plutocracia disfrazada de democracia –o la oligarquía disfrazada de democracia– apoya la esclavitud. Si le echamos una ojeada a la historia, veremos que mientras los filósofos filosofaban los esclavos de Grecia eran azotados, vejados y sometidos. También veremos que «fueron sus esclavos los que permitieron a los griegos y romanos tener tiempo libre para crear la [supuesta] democracia y el derecho mientras ellos levantaban el Partenón y el Coliseo a golpe de látigo.»[cxlvii]

§ 54

Sabemos que este planeta, además de estar lleno de embustes, está «...cargado con un bullicio de hombres y animales que se devoran para sobrevivir.»[cxlviii] También sabemos que la creencia de que existe la democracia es, como saben los capitalistas superricos, un embuste que todos los días es fortalecido para mantener sumisa a una enorme porción de ese violento y banal rebaño llamado humanidad. Y tenga en cuenta que utilizo la palabra rebaño ya que, quiérase o no, los seres humanos únicamente estamos en este mundo para pudrirnos y, antes de pudrirnos, para enriquecer a los capitalistas más ricos, especialmente a los del poder financiero. Es por eso que nuestras metas y nuestros sueños, profundamente analizados, no son más que unas vías de escape mental que utilizamos para creer que no somos parte de ese gran rebaño que todos los días es forzado a trabajar para, so pena de terminar con los huesos en la calle, beneficiar a los plutócratas y a los mencionados capitalistas. Por eso es que en este mundo plutocrático, en donde los ricos capitalistas utilizan el derecho y la política para siempre tener «brazos que trabajen a precio de ganga»,[cxlix] los capitalistas más ricos y poderosos son los lobos que, poco a poco, nos devoran para sobrevivir y para aumentar sus ganancias económicas.

§ 55

En las plutocracias disfrazadas de democracia, el derecho permite la esclavitud sin cadenas visibles. De hecho, las cadenas fueron eliminadas por motivo de que, estéticamente hablando, se veían feas, ordinarias y pasadas de moda. Actualmente, en los países del primer mundo los esclavos que ganan el salario mínimo son, aunque más afortunados que los esclavos que se creen libres y que trabajan en las fábricas de India, esclavos perfumados y sin cadenas visibles.

En fin, siempre recuerde que la esclavitud – como saben los hermanos latinoamericanos que trabajan en las fincas de EUA, y como saben los hermanos que ganan salarios de hambre en Burger King, Walmart y McDonald's– «nunca ha sido abolida. Adopta formas distintas según las circunstancias.»[cl]

Referencias

[i] Eugenio Trías. **Aforismos para una posguerra**. (1991). Madrid, España.: *El País*. Consultado el 30 de mayo de 2007, de http://www.elpais.com/.

[ii] Vea el análisis del Dr. José Saramago, premio Nobel de Literatura y doctor *honoris causa* por la Universidad Nacional de Buenos Aires, en: Abdala, V. (2003). **Vivimos en una plutocracia, un gobierno de los ricos**. Argentina, Latinoamérica.: *Página 12*. Información consultada el 22 de diciembre de 2013, de http://www.pagina12.com.ar/diario/cultura/7-19725-2003-05-06.html.

[iii] Ansede, M. (2015). **Así torturaban los médicos tras el 11-S**. Madrid, España: *El País*. Consultado el 30 de noviembre de 2015, de http://elpais.com/elpais/2015/06/11/ciencia/1434004716_675617.html. También debe leer: Bartlett, T. (2015). **Psychologist Implicated in APA's Torture Report Resigns Academic Post**. Washington, D.C.: *The Chronicle of Higher Education*. Consultado el 10 de agosto de 2015, de http://chronicle.com/blogs/ticker/psychologist-implicated-in-apas-torture-report-resigns-academic-post/102233.

[iv] Eugenio Trías. (1990). **Volver a Marx**. Madrid, España: *El País*. Consultado el 30 de mayo de 2013, de http://elpais.com/diario/1990/10/24/opinion/656722809_850215.html. También debe ver un análisis realizado por el Dr. Larry Lessig, doctor en jurisprudencia y profesor de la Universidad de Harvard, en: **Profesor de Harvard opta a la Presidencia de EE.UU. para salvar la democracia**. (2015). Ecuador, Latinoamérica: *El Comercio*. Consultado el 13 de septiembre de 2015, de http://www.elcomercio.com/actualidad/profesor-harvard-opta-presidencia-estadosunidos.html.

[v] Ceberio, J. (2014). **El reino de la corrupción**. Madrid, España: *El País*. Consultado el 3 de mayo de 2015, de http://elpais.com/elpais/2014/12/03/opinion/1417622382_359864.html.

[vi] Gómez, J.A. (2014) **¿El ocaso de Kant y Nietzsche?** Madrid, España.: *El Mundo*. Consultado el 29 de diciembre de 2014, de http://www.elmundo.es/cultura/2014/11/19/546b8cc722601d74578b4576.html.

[vii] Arthur Schopenhauer, A. (2014). **El arte de envejecer**. Madrid, España: *Alianza Editorial*, pág.73.

[viii] Según Joris-Karl Huysmans. Vea sus palabras en: **Antología de la estupidez**. (2011). España, Unión Europea: *El Cultural*. Información consultada el 18 de agosto de 2014, de http://www.elcultural.es/noticias/letras/Antologia-de-la-estupidez/2486.

[ix] Arturo Pérez-Reverte, miembro de la Real Academia Española y doctor *honoris causa* por la Universidad Politécnica de Cartagena, según citado en: Saker, G. (2015). **En medio del tapón, de carros y de democracia, con Arturo Pérez-Reverte**. San Juan, Puerto Rico.: *Noticel*. Información consultada el 2 de noviembre de 2015, de http://www.noticel.com/noticia/182722/en-medio-del-tapon-de-carros-y-de-democracia-con-arturo-perez-reverte.html.

[x] Vea el análisis de Daniel Kahneman, profesor de la Universidad de Princeton y premio Nobel de Economía, en: Toby Macdonald. **La verdad sobre cómo tomamos decisiones**. (2014). Londres, Reino Unido.: *British Broadcasting Corporation (BBC)*. Recuperado el 30 de diciembre de 2014, de http://www.bbc.co.uk/mundo/.

[xi] Fernando Savater, filósofo español, en: Savater, F. (2015). **Uniformes**. Madrid, España: *El País*. Consultado el 30 de junio de 2015, de http://elpais.com/elpais/2015/05/29/opinion/1432894170_933230.html.

[xii]Sánchez-Cuenca, I. (2014). **El contrato social se ha roto**. España, Unión Europea: *Ediciones Prensa Libre S.L.* Consultado el 2 de mayo de 2015, de http://www.infolibre.es/noticias/opinion/2014/11/05/el_contrato_social_roto_23526_1023.html.

[xiii]Vea el análisis de la Dra. Doris González Torres, expresidenta del Colegio de Trabajadores Sociales de Puerto Rico, en: González, D. (2005, 30 de noviembre). **Repensando la familia**. Guaynabo, Puerto Rico.: *El Nuevo Día*. Recuperado el 30 de noviembre de 2005, de http://www.endi.com/.

[xiv]San Agustín, **Del libre albedrío**, I, 8, 19. Vea lo dicho en: Antología de la estupidez. (2011). España, Unión Europea: *El Cultural*. Información consultada el 18 de agosto de 2014, de http://www.elcultural.es/noticias/letras/Antologia-de-la-estupidez/2486.

[xv]Rosa Montero Gayo, doctora *honoris causa* por la Universidad de Puerto Rico, en: Montero, R. (2015). **Venceremos**. Madrid, España: *El País*. Consultado el 30 de septiembre de 2015, de http://elpais.com/elpais/2015/08/31/eps/1441030377_068615.html.

[xvi]Dr. José Luis Sampedro, escritor y economista español, en: Sánchez, L. (2011). **Somos naturaleza. Poner al dinero como bien supremo nos conduce a la catástrofe**. Madrid, España: *El País*. Consultado el 30 de diciembre de 2014, de http://elpais.com/diario/2011/06/12/eps/1307860014_850215.html.

[xvii]Según el sistema filosófico del **Dr. Arthur Schopenhauer**. Vea más información en: Riaño, P. (2010). Schopenhauer: un siglo y medio a cara de perro. España, Unión Europea.: *Público*. Información consultada el 23 de mayo de 2013, de http://www.publico.es/culturas/336737/schopenhauer-un-siglo-y-medio-a-cara-de-perro.

[xviii]Ginés, A.B. (2014). **Discurso dominante y palabras efimeras**. España, Unión Europea.: *Diario Octubre*. Consultado el 31 de octubre de 2015, de http://www.diario-octubre.com/2014/11/02/discurso-dominante-y-palabras-efimeras/. También debe leer las palabras del Dr. Larry Lessig, doctor en jurisprudencia y profesor de la Universidad de Harvard, en: **Profesor de Harvard opta a la Presidencia de EE.UU. para salvar la democracia**. (2015). Ecuador, Latinoamérica: *El Comercio*. Consultado el 13 de septiembre de 2015, de http://www.elcomercio.com/actualidad/profesor-harvard-opta-presidencia-estadosunidos.html.

[xix]Chomsky, N. (2013). **El mundo se libera de Estados Unidos**. España, Unión Europea.: *Diario Octubre*. Consultado el 7 de mayo de 2014, de http://www.diario-octubre.com/. También debe leer: Brooks, D. (2012). **Plutocracia democrática**. Ciudad de México, México.: *La Jornada*. Recuperado el 30 de diciembre de 2014, de http://indignados.jornada.com.mx/recientes/opinion-plutocracia-democratica-david-brooks.

[xx]Vea el análisis del Dr. José A. Estévez Araújo, catedrático de Filosofía del Derecho en la Universidad de Barcelona, en: José A. Estévez Araújo. (2011). **El poder del sistema financiero sobre los estados**. España, Unión Europea: *Alba Sud*. Consultado el 23 de enero de 2015, de http://www.albasud.org/noticia/es/256/el-poder-del-sistema-financiero-sobre-los-estados. También debe leer las siguientes referencias: (a) Mulero, L. (2005, 14 de octubre). **Una película de horror el gasto gubernamental**. Guaynabo, Puerto Rico: *El Nuevo Día*. Recuperado el 14 de octubre de 2005, de http://www.endi.com/; y (b) **El modelo de negocio de Wall Street es el fraude y el engaño**. (2015). Moscú, Rusia.: *Russia Today (RT)*. Información consultada el 30 de marzo de 2015, de http://actualidad.rt.com/actualidad/165921-eeuu-sanders-wall-street-fraude.

[xxi]Jorge Mario Bergoglio, obispo de Roma, en: Ordaz, P. (2015). **El Papa urge a la política a liberarse del yugo del poder económico**. Madrid, España: *El País*. Consultado el 30 de junio de 2015, de http://internacional.elpais.com/internacional/2015/06/18/actualidad/1434621095_820022.html.

[xxii] Eduardo Galeano, premio Stig Dagerman y premio Casa de las Américas, en: Nieto, M.A. (1983). **Intelectuales españoles y latinoamericanos juzgan 'alarmante' la confusión informativa**. Madrid, España: *El País*. Consultado el 2 de mayo de 2014, de http://elpais.com/diario/1983/09/21/sociedad/432943206_850215.html.
[xxiii] Vea el análisis de José Saramago, premio Nobel de Literatura, en: Abdala, V. (2003). **Vivimos en una plutocracia, un gobierno de los ricos**. Argentina, Latinoamérica.: *Página 12*. Consultado el 22 de diciembre de 2013, de http://www.pagina12.com.ar/diario/cultura/7-19725-2003-05-06.html.
[xxiv] Kraus, A. (2004). **Morir con dignidad. Unas notas**. México, Latinoamérica: *La Jornada*. Consultado el 1 de mayo de 2013, de http://www.jornada.unam.mx/2004/07/14/020a2pol.php?printver=0&fly=2. También debe leer: Umberto Eco. (2013). **Baile en torno a la muerte**. Bogotá, República de Colombia.: *El Espectador*. Consultado el 1 de mayo de 2015, de http://www.elespectador.com/opinion/baile-torno-muerte-columna-395235.
[xxv] Saramago, J. (2010). **José Saramago en sus palabras**. México, D.F.: *Editorial Alfaguara*, pág.433. También debe leer: **La Plutocracia: el control del Estado por el dinero**. (2000). Argentina, Latinoamérica.: *La Editorial Virtual*. Consultado el 2 de mayo de 2013, de http://www.laeditorialvirtual.com.ar/Pages/Martos_LaPlutocracia.htm.
[xxvi] Fernando Savater. (2014). **Hacia una Europa de ciudadanos**. Madrid, España.: *El País*. Consultado el 30 de diciembre de 2014, de http://elpais.com/elpais/2014/05/07/opinion/1399478000_199734.html.
[xxvii] Vea las palabras del Dr. Larry Lessig, doctor en jurisprudencia y profesor de la Universidad de Harvard, en: **Profesor de Harvard opta a la Presidencia de EE.UU. para salvar la democracia**. (2015). Ecuador, Latinoamérica: *El Comercio*. Consultado el 13 de septiembre de 2015, de http://www.elcomercio.com/actualidad/profesor-harvard-opta-presidencia-estadosunidos.html.
[xxviii] Duz, S. (2014). **La Humanidad, al borde de una nueva crisis político-social**. Moscú, Rusia: *La Voz de Rusia*. Visto el 8 de mayo de 2015, de http://spanish.ruvr.ru/. También debe ver un análisis realizado por el Dr. Larry Lessig, doctor en jurisprudencia y profesor de la Universidad de Harvard, en: **Profesor de Harvard opta a la Presidencia de EE.UU. para salvar la democracia**. (2015). Ecuador, Latinoamérica: *El Comercio*. Consultado el 13 de septiembre de 2015, de http://www.elcomercio.com/actualidad/profesor-harvard-opta-presidencia-estadosunidos.html.
[xxix] Mario Benedetti. (1995). **Todos fuimos jóvenes**. Madrid, España.: *El País*. Consultado el 3 de mayo de 2014, de http://www.elpais.com/.
[xxx] John W. Whitehead, presidente del Instituto Rutherford, según citado: Yepe, M.E. (2015) **EE.UU.: Una democracia de los ricos para los ricos**. San Juan, Puerto Rico.: *Noticel*. Consultado el 7 de octubre de 2015, de http://www.noticel.com/blog/181704/eeuu-una-democracia-de-los-ricos-para-los-ricos.html.
[xxxi] Vea las palabras de Elizabeth Warren, doctora en jurisprudencia por la Universidad Rutgers y profesora de la Universidad de Harvard, en: Marc Bassets. **La izquierda del partido demócrata desafía a Hillary Clinton**. (2014). Madrid, España: *El País*. Consultado el 30 de diciembre de 2014, de http://internacional.elpais.com/internacional/2014/12/29/actualidad/1419884381_954384.html. También debe leer los resultados de un análisis realizado por expertos de la Universidad de Princeton y de la Universidad Northwestern, en: **Estados Unidos, ¿democracia u oligarquía?** (2014). Londres, Reino Unido.: *British Broadcasting Corporation (BBC)*. Recuperado el 30 de diciembre de 2014, de http://www.bbc.co.uk/mundo/.

[xxxii] Bjorn Stevens, director del Instituto Max Planck de Meteorología (en Alemania), en: Ansede, M. (2015). **Es aterrador vivir en una sociedad en la que la verdad no importa**. Madrid, España: *El País*. Consultado el 30 de octubre de 2015, de http://elpais.com/elpais/2015/01/12/ciencia/1421066242_376658.html. También debe leer el análisis del Dr. Paul Krugman, premio Nobel de Economía y catedrático de la Universidad de Princeton, en: Krugman, P. (2015). **Primavera para los timadores**. Madrid, España: *El País*. Consultado el 7 de noviembre de 2015, de http://economia.elpais.com/economia/2015/10/30/actualidad/1446217925_974801.html.
[xxxiii] Vea el análisis del Dr. José Saramago, premio Nobel de Literatura y doctor *honoris causa* por la Universidad Nacional de Buenos Aires, en: Abdala, V. (2003). **Vivimos en una plutocracia, un gobierno de los ricos**. Argentina, Latinoamérica.: *Página 12*. Información consultada el 22 de diciembre de 2013, de http://www.pagina12.com.ar/diario/cultura/7-19725-2003-05-06.html.
[xxxiv] Armando B. Ginés. **Todos al suelo: todos somos gilipollas**. (2014). España, Unión Europea.: *Diario Octubre*. Consultado el 31 de diciembre de 2014, de http://www.diario-octubre.com/2014/02/25/todos-al-suelo-todos-somos-gilipollas/. También debe leer: Umberto Eco. (2013). **Baile en torno a la muerte**. Bogotá, República de Colombia.: *El Espectador*. Información consultada el 11 de diciembre de 2015, de http://www.elespectador.com/opinion/baile-torno-muerte-columna-395235.
[xxxv] Vea el análisis del Dr. José Saramago, premio Nobel de Literatura y doctor *honoris causa* de la Universidad Nacional de Buenos Aires, en: Abdala, V. (2003). **Vivimos en una plutocracia, un gobierno de los ricos**. Argentina, Latinoamérica.: *Página 12*. Información consultada el 22 de diciembre de 2013, de http://www.pagina12.com.ar/diario/cultura/7-19725-2003-05-06.html.
[xxxvi] Inés Fernández-Ordóñez, catedrática de la Universidad Autónoma de Madrid y miembro de la Real Academia Española, en: Ors, J. (2012). **Inés Fernández-Ordóñez: Vivimos la gran época de los eufemismos**. España, Unión Europea: *La Razón*. Consultado el 23 de noviembre de 2015, de http://www.larazon.es/historico/6151-ines-fernandez-ordonez-vivimos-la-gran-epoca-de-los-eufemismos-GLLA_RAZON_477318.
[xxxvii] Alejandro Jodorowsky, artista y escritor chileno, según citado en: **El sistema económico actual nos convierte en esclavos: Jodorowsky**. (2013). México, Latinoamérica.: *CNN México*. Información consultada el 27 de diciembre de 2014, de http://mexico.cnn.com/entretenimiento/2013/10/26/el-sistema-economico-actual-nos-convierte-en-esclavos-jodorowsky.
[xxxviii] Dr. Noam Chomsky, catedrático del afamado Instituto Tecnológico de Massachusetts, según citado en: Legislatura de la Provincia de Córdoba. (2013). **Fundamentos del proyecto de resolución 10894/L/13**. Argentina, Latinoamérica: Poder Legislativo. Consultado el 22 de noviembre de 2015, de http://www.prensalegiscba.gob.ar/img/notas/adjunto-4136.pdf.
[xxxix] Eduardo Galeano, premio Stig Dagerman y premio Casa de las Américas, en: Galeano, E. (1991). **Estados Unidos en siete vistazos**. Madrid, España: *El País*. Consultado el 31 de octubre de 2015, de http://elpais.com/diario/1991/06/26/opinion/677887210_850215.html. También debe leer las palabras del doctor Agnus Deaton, premio Nobel de Economía, en: **Nunca creí probable ganar el premio**. (2015). Madrid, España: *El País*. Consultado el 30 de octubre de 2015, de http://economia.elpais.com/economia/2015/10/13/actualidad/1444725341_443952.html.

[xi] Eduardo Galeano, premio Stig Dagerman y premio Casa de las Américas, en: Galeano, E. (1996). **La escuela del crimen**. Madrid, España: *El País*. Consultado el 31 de octubre de 2015, de http://elpais.com/diario/1996/07/11/opinion/837036004_850215.html.

[xii] Dra. Olivia Muñoz-Rojas, doctora en Sociología por la Escuela de Economía y Ciencia Política de Londres, en: Muñoz, O. (2015). **El lugar de la utopía en el siglo XXI**. Madrid, España: *El País*. Consultado el 30 de mayo de 2015, de http://elpais.com/elpais/2015/05/27/opinion/1432724543_688680.html.

[xiii] Josep Ramoneda. **Soberanía financiera y soberanía popular**. (2012). Madrid, España: *El País*. Consultado el 30 de diciembre de 2014, de http://elpais.com/elpais/2012/05/11/opinion/1336757858_053462.html.

[xiii] Feliciano, R.J. (2014) **¿Democracia?** Guaynabo, Puerto Rico.: *El Nuevo Día*. [Versión electrónica: http://www.elnuevodia.com/columna-democracia-1851029.html]. También debe leer: **Un estudio concluye que EE.UU. ya no es una democracia**. (2015). Moscú, Rusia.: *Russia Today (RT)*. Información consultada el 30 de julio de 2015, de http://actualidad.rt.com/actualidad/173165-estudio-eeuu-democracia-alemania.

[xliv] Vea el análisis del Dr. Paul Krugman, catedrático de la Universidad de Princeton y premio Nobel de Economía, en: Krugman, P. (2015). **Demasiado responsables**. (2015). Madrid, España: *El País*. Consultado el 30 de junio de 2015, de http://economia.elpais.com/economia/2015/01/23/actualidad/1422029476_740654.html.

[xlv] Vea las palabras de Alexander Hamilton, político estadounidense, en: Heinz Dieterich. (2010). **La plutocracia que gobierna al mundo**. España, Unión Europea.: *Rebelión*. Información consultada el 23 de septiembre de 2013, de http://www.rebelion.org/noticia.php?id=111103. También puede leer las palabras de don Hamilton en: The Universal Rights Network. (2015). **Noam Chomsky**. Caulfield, Australia. Consultado el 20 de marzo de 2015, de http://www.universalrights.net/heroes/display.php3?id=23.

[xlvi] Francis Fukuyama, según citado en: Muñoz, B. (s.f.). **Francis Fukuyama Reflexiona sobre la política y la filosofía del Estado**. *El Nacional*. Caracas, Venezuela. Consultado el 20 de mayo de 2007, de http://www.elnacional.com/entrevistas/Detalle.asp?IdEntrevista=39&IdEntrevistado=28. También debe leer: Mendo, C. (1989). **El fin de la historia**. Madrid, España: *El País*. Consultado el 2 de mayo de 2014, de http://elpais.com/diario/1989/08/31/opinion/620517611_850215.html.

[xlvii] Dr. Paul Krugman, premio Nobel de Economía y catedrático de la Universidad de Princeton, en: Krugman, P. (2015) **¿Es cierto que la economía mundial tiene problemas?** Madrid, España: *El País*. Consultado el 30 de noviembre de 2015, de http://economia.elpais.com/economia/2015/11/03/actualidad/1446549827_888968.html.

[xlviii] Quintero, L.M. (2014). **Los asalariados pobres: esclavos del siglo XXI**. San Juan, Puerto Rico.: *Noticel*. Información consultada el 2 de octubre de 2015, de http://www.noticel.com/noticia/166188/los-asalariados-pobres-esclavos-del-siglo-xxi.html.

[xlix] Innerarity, D. (2015). **La política explicada a los idiotas**. Madrid, España: *El País*. Consultado el 30 de septiembre de 2015, de http://politica.elpais.com/politica/2015/08/28/actualidad/1440755917_086381.html.

[l] Sigfredo Rodríguez. **Cleptocracia**. (2015). Guaynabo, Puerto Rico.: *El Nuevo Día*. Recuperado el 30 de junio de 2015, de http://www.elnuevodia.com/opinion/columnas/cleptocracia-columna-2064038/.

[li] Mario Benedetti. (1993). **Tener y no tener**. Madrid, España.: *El País*. Consultado el 3 de mayo de 2014, de http://www.elpais.com/.

[lii] Vea el análisis de Dan Ariely, profesor de la Universidad de Duke (Estados Unidos de América), en: Toby Macdonald. **La verdad sobre cómo tomamos decisiones**. (2014).

Londres, Reino Unido.: *British Broadcasting Corporation (BBC)*. Recuperado el 30 de diciembre de 2014, de http://www.bbc.co.uk/mundo/.

[liii]Fernando Savater. (2014). **Hacia una Europa de ciudadanos**. Madrid, España.: *El País*. Consultado el 30 de diciembre de 2014, de http://elpais.com/elpais/2014/05/07/opinion/1399478000_199734.html.

[liv]Fernando Savater. (2014). **Hacia una Europa de ciudadanos**. Madrid, España.: *El País*. Consultado el 30 de diciembre de 2014, de http://elpais.com/elpais/2014/05/07/opinion/1399478000_199734.html.

[lv]Dr. José Luis Sampedro, escritor y economista español, en: Sánchez, L. (2011). **Somos naturaleza. Poner al dinero como bien supremo nos conduce a la catástrofe**. Madrid, España: *El País*. Consultado el 30 de diciembre de 2014, de http://elpais.com/diario/2011/06/12/eps/1307860014_850215.html.

[lvi]Dr. Paul Krugman, premio Nobel de Economía y catedrático de la Universidad de Princeton, en: Krugman, P. (2015). **Los magnates de Wall Street toman partido**. Madrid, España: *El País*. Consultado el 28 de octubre de 2015, de http://economia.elpais.com/economia/2015/10/16/actualidad/1445010235_575807.html.

[lvii]Vea las palabras del Dr. Mario Vargas Llosa, premio Nobel de Literatura, en: Cruz, J. (2015). **Mario Vargas Llosa: Llego a los 80 en un estado maravilloso**. Madrid, España: *El País*. Consultado el 30 de octubre de 2015, de http://cultura.elpais.com/cultura/2015/10/22/babelia/1445520280_937768.html.

[lviii]Mario Benedetti. (1995). **La democracia light**. Madrid, España.: *El País*. Consultado el 3 de mayo de 2014, de http://www.elpais.com/.

[lix]Eduardo Galeano, premio Stig Dagerman y premio Casa de las Américas, en: Galeano, E. (1996). **La escuela del crimen**. Madrid, España: *El País*. Consultado el 31 de octubre de 2015, de http://elpais.com/diario/1996/07/11/opinion/837036004_850215.html.

[lx]Santiago N. Becerra, economista y catedrático de la Universidad Ramon Llull de Barcelona, en: Rubén Pujol. **En el siglo XIX montaríamos una revolución pero ya no están de moda**. (2014). Madrid, España.: *El País*. Consultado el 30 de diciembre de 2014, de http://elpais.com/elpais/2014/09/05/icon/1409917936_220538.html.

[lxi]Dr. José Luis Sampedro, escritor y economista español, en: Sánchez, L. (2011). **Somos naturaleza. Poner al dinero como bien supremo nos conduce a la catástrofe**. Madrid, España: *El País*. Consultado el 30 de diciembre de 2014, de http://elpais.com/diario/2011/06/12/eps/1307860014_850215.html.

[lxii]Benedicto XVI, obispo de Roma, en: Ordaz, F. (2015). **El Papa acusa a empresas y Gobiernos del cambio climático**. Madrid, España: *El País*. Consultado el 30 de junio de 2015, de http://internacional.elpais.com/internacional/2015/06/17/actualidad/1434534517_957229.html.

[lxiii]Dr. José Luis Sampedro, escritor y economista español, en: Sánchez, L. (2011). **Somos naturaleza. Poner al dinero como bien supremo nos conduce a la catástrofe**. Madrid, España: *El País*. Consultado el 30 de diciembre de 2014, de http://elpais.com/diario/2011/06/12/eps/1307860014_850215.html.

[lxiv]Molina, J. (2014). **Población subyacente**. España, Unión Europea.: *Diario Progresista*. Consultado el 23 de febrero de 2014, de http://www.diarioprogresista.es/poblacion-subyacente-45769.htm.

[lxv]Según Jorge Mario Bergoglio, obispo de Roma, en: **El papa tacha el capitalismo de nueva tiranía y cree que no compartir es robar**. (2013). Moscú, Rusia.: *Russia Today (RT)*. Información consultada el 30 de diciembre de 2014, de http://actualidad.rt.com/sociedad/view/112483-papa-francisco-capitalismo-tirania-economia.

[lxvi]Mario Benedetti. (1993). **Los nuevos miedos**. Madrid, España.: *El País.* Consultado el 3 de mayo de 2014, de http://www.elpais.com/.
[lxvii]Vea el análisis del Dr. Joseph Stiglitz, premio Nobel de Economía, en: Yepe, M.E. (2015) **EE.UU.: Una democracia de los ricos para los ricos**. San Juan, Puerto Rico.: *Noticel.* Información consultada el 7 de octubre de 2015, de http://www.noticel.com/blog/181704/eeuu-una-democracia-de-los-ricos-para-los-ricos.html.
[lxviii]Fernández, R. (2015). **El capitalismo no será retransmitido**. Madrid, España: *Diagonal Periódico.* Consultado el 23 de julio de 2015, de https://www.diagonalperiodico.net/saberes/27227-capitalismo-no-sera-retransmitido.html.
[lxix]Marshall Mcluhan dijo eso. Vea sus palabras en: Mario Vargas Llosa. (2012). **La civilización del espectáculo**. México, D.F.: *Editorial Alfaguara*, pág.209.
[lxx]Armando B. Ginés. **Casta, gente decente, capitalismo y cosas que no se pueden decir nunca**. (2014). España, Unión Europea.: *Diario Octubre.* Información consultada el 31 de octubre de 2014, de http://www.diario-octubre.com/2014/10/28/casta-gente-decente-capitalismo-y-cosas-que-no-se-pueden-decir-nunca/.
[lxxi]Vea el análisis del Dr. Mario Vargas Llosa, premio Nobel de Literatura, en: **Mario Vargas Llosa: El control del poder de la información puede llegar a la imposición de candidatos**. (2014). Perú, Latinoamérica.: *La República.* Información consultada el 28 de febrero de 2014, de http://www.larepublica.pe/.
[lxxii]Stéphane Hessel, diplomático y sobreviviente de un campo de concentración durante la Segunda Guerra Mundial, en: **Muere Stéphane Hessel, autor de ¡Indígnese!** (2013). Londres, Reino Unido.: *British Broadcasting Corporation (BBC).* Recuperado el 30 de diciembre de 2013, de http://news.bbc.co.uk/hi/spanish/news/. También debe leer: **El poder financiero global controla ya los principales medios de comunicación**. (2015). España, Unión Europea.: *Revista Tendencias 21.* Información consultada el 7 de septiembre de 2015, de http://www.tendencias21.net/El-poder-financiero-global-controla-ya-los-principales-medios-de-comunicacion_a40978.html.
[lxxiii]**Teorías de control mental utilizadas por los medios masivos**. (2013). España, Unión Europea: *Tercera Información.* Consultado el 23 de junio de 2014, de http://www.tercerainformacion.es/spip.php?article51327.
[lxxiv]Armando B. Ginés. **Libertad de expresión y libertad de pensamiento**. (2014). España, Unión Europea.: *Diario Octubre.* Información consultada el 31 de diciembre de 2014, de http://www.diario-octubre.com/2014/04/02/libertad-de-expresion-y-libertad-de-pensamiento/.
[lxxv]Dr. Noam Chomsky, profesor del Instituto Tecnológico de Massachusetts, en: **El propósito de los medios masivos no es tanto informar sobre lo que sucede, sino más bien dar forma a la opinión pública de acuerdo a las agendas del poder**. (2014). Chile, Latinoamérica: *Gamba.* Consultado el 23 de marzo de 2015, de http://www.gamba.cl/2014/12/el-proposito-de-los-medios-masivos-no-es-informar-es-dar-forma-a-la-opinion-publica-segun-los-intereses-del-poder/.
[lxxvi]Durán, M. (2015). **La fuente de la eterna ineptitud**. Saltillo, México: *Vanguardia.* Consultado el 23 de octubre de 2015, de http://archivo.vanguardia.com.mx/columnas-lafuentedelaeternaineptitud-2379090.html.
[lxxvii]Saramago, J. (2010). **José Saramago en sus palabras**. México, D.F.: *Editorial Alfaguara*, pág.429. {ISBN: 978-607-11-0677-3}.
[lxxviii]Mario Benedetti. (1995). **La democracia light**. Madrid, España.: *El País.* Consultado el 3 de mayo de 2014, de http://www.elpais.com/.

[lxxix] Ignacio Sotelo. **La tercera fase del capitalismo**. (2014). Madrid, España: *El País*. Consultado el 30 de diciembre de 2014, de http://elpais.com/elpais/2014/02/21/opinion/1392988034_229568.html.
[lxxx] Dr. José Luis Sampedro, escritor y economista español, en: Sánchez, L. (2011). **Somos naturaleza. Poner al dinero como bien supremo nos conduce a la catástrofe**. Madrid, España: *El País*. Consultado el 30 de diciembre de 2014, de http://elpais.com/diario/2011/06/12/eps/1307860014_850215.html.
[lxxxi] Fernández, R. (2015). **El capitalismo no será retransmitido**. Madrid, España: *Diagonal Periódico*. Consultado el 23 de julio de 2015, de https://www.diagonalperiodico.net/saberes/27227-capitalismo-no-sera-retransmitido.html. También debe leer: **El poder financiero global controla ya los principales medios de comunicación**. (2015). España, Unión Europea.: *Revista Tendencias 21*. Información consultada el 7 de septiembre de 2015, de http://www.tendencias21.net/El-poder-financiero-global-controla-ya-los-principales-medios-de-comunicacion_a40978.html.
[lxxxii] Vea el análisis del Dr. José Saramago, premio Nobel de Literatura y doctor *honoris causa* por la Universidad Nacional de Buenos Aires, en: Abdala, V. (2003). **Vivimos en una plutocracia, un gobierno de los ricos**. Argentina, Latinoamérica.: *Página 12*. Información consultada el 22 de diciembre de 2013, de http://www.pagina12.com.ar/diario/cultura/7-19725-2003-05-06.html.
[lxxxiii] Dr. José Luis Sampedro, escritor y economista español, en: Sánchez, L. (2011). **Somos naturaleza. Poner al dinero como bien supremo nos conduce a la catástrofe**. Madrid, España: *El País*. Consultado el 30 de diciembre de 2014, de http://elpais.com/diario/2011/06/12/eps/1307860014_850215.html. También debe leer: Escobar, C. (2015). **La danza de la plutocracia**. Guatemala, Latinoamérica: *Prensa Libre*. Consultado el 31 de octubre de 2015, de http://www.prensalibre.com/opinion/La-danza-de-la-plutocracia_0_1301870089.html.
[lxxxiv] Trias, E. (1988). **El intelectual, figura de actualidad**. Madrid, España.: *El País*. Consultado el 30 de diciembre de 2013, de http://www.elpais.com/.
[lxxxv] Arturo Pérez-Reverte, miembro de la Real Academia Española y doctor *honoris causa* por la Universidad Politécnica de Cartagena, según citado en: Saker, G. (2015). **En medio del tapón, de carros y de democracia, con Arturo Pérez-Reverte**. San Juan, Puerto Rico.: *Noticel*. Información consultada el 2 de noviembre de 2015, de http://www.noticel.com/noticia/182722/en-medio-del-tapon-de-carros-y-de-democracia-con-arturo-perez-reverte.html.
[lxxxvi] **Teorías de control mental utilizadas por los medios masivos**. (2013). España, Unión Europea: *Tercera Información*. Consultado el 23 de junio de 2014, de http://www.tercerainformacion.es/spip.php?article51327.
[lxxxvii] **¿Estamos en una plutocracia?** (2013). España, Unión Europea.: *EURIBOR*. Información consultada el 23 de septiembre de 2013, de http://www.euribor.com.es/2013/06/12/estamos-en-una-plutocracia/. También debe leer: **Rubio se beneficia de ejecutivos de 'fondos buitres' y se opone al capítulo 9**. (2015). Guaynabo, Puerto Rico.: *El Nuevo Día*. Consultado el 30 de diciembre de 2015, de http://www.elnuevodia.com/noticias/politica/nota/rubiosebeneficiadeejecutivosdefondosbuitresyseoponealcapitulo9-2121813/.
[lxxxviii] **Teorías de control mental utilizadas por los medios masivos**. (2013). España, Unión Europea: *Tercera Información*. Consultado el 23 de junio de 2014, de http://www.tercerainformacion.es/spip.php?article51327.

[lxxxix] Vea las palabras de Edward Bernays, experto en manipulación, publicidad y propaganda, en: **Teorías de control mental utilizadas por los medios masivos.** (2013). España, Unión Europea: *Tercera Información.* Consultado el 23 de junio de 2014, de http://www.tercerainformacion.es/spip.php?article51327.

[xc] Luis Manuel Valdés Villanueva, director de la revista «Teorema», según citado en: **La Filosofía ha perdido la complicidad de la sociedad.** (2012). España, Unión Europea.: *Editorial Prensa Ibérica.* Información consultada el 12 de abril de 2013, de http://www.lne.es/asturama/2012/03/23/valdes-filosofia-perdido-complicidad-sociedad/1218302.html.

[xci] Emilio Lledó, premio Princesa de Asturias de Humanidades, en: Ruiz, J. (2015). **Emilio Lledó: Ojalá este domingo regrese la decencia.** Madrid, España: *El País.* Consultado el 30 de mayo de 2015, de http://cultura.elpais.com/cultura/2015/05/20/actualidad/1432147019_624976.html.

[xcii] Barán, A. (2014). **La filosofía es más necesaria que nunca.** España, Unión Europea: *El Cotidiano.* Consultado el 1 de agosto de 2015, de http://www.elcotidiano.es/la-filosofia-es-mas-necesaria-que-nunca/. También debe leer: **Libre bajo fianza expresidente de la Asamblea General de la ONU.** (2015). Guaynabo, Puerto Rico.: *El Nuevo Día.* Recuperado el 30 de octubre de 2015, de http://www.elnuevodia.com/noticias/internacionales/nota/librebajofianzaexpresidentedelaasambleageneraldelaonu-2117857/.

[xciii] Dr. José Luis Sampedro, escritor y economista español, en: Sánchez, L. (2011). **Somos naturaleza. Poner al dinero como bien supremo nos conduce a la catástrofe.** Madrid, España: *El País.* Consultado el 30 de diciembre de 2014, de http://elpais.com/diario/2011/06/12/eps/1307860014_850215.html. También debe leer las palabras del profesor Luis Manuel Valdés Villanueva, director de la revista «Teorema», en: **La Filosofía ha perdido la complicidad de la sociedad.** (2012). España, Unión Europea.: *Editorial Prensa Ibérica.* Información consultada el 12 de abril de 2012, de http://www.lne.es/asturama/2012/03/23/valdes-filosofia-perdido-complicidad-sociedad/1218302.html.

[xciv] Mario Benedetti. (1993). **Poderoso caballero.** Madrid, España.: *El País.* Consultado el 3 de mayo de 2011, de http://www.elpais.com/. También debe leer: Torres-Gotay, B. (2015). **Mercado de esperanzas.** Guaynabo, Puerto Rico.: *El Nuevo Día.* Consultado el 30 de noviembre de 2015, de http://blogs.elnuevodia.com/las-cosas-por-su-nombre/2015/11/01/mercado-de-esperanzas/.

[xcv] Moracho, F. (1992). **Los diez mandamientos.** (2da.ed.). Bogotá, Colombia: *Ediciones Paulinas*, pág.43. También debe ver un análisis realizado por el Dr. Larry Lessig, doctor en jurisprudencia y profesor de la Universidad de Harvard, en: **Profesor de Harvard opta a la Presidencia de EE.UU. para salvar la democracia.** (2015). Ecuador, Latinoamérica: *El Comercio.* Consultado el 13 de septiembre de 2015, de http://www.elcomercio.com/actualidad/profesor-harvard-opta-presidencia-estadosunidos.html.

[xcvi] George Bernard Shaw, premio Nobel de Literatura, según citado en: Escobar, C. (2015). **La danza de la plutocracia.** Guatemala, Latinoamérica: *Prensa Libre.* Consultado el 31 de octubre de 2015, de http://www.prensalibre.com/opinion/La-danza-de-la-plutocracia_0_1301870089.html.

[xcvii] Moracho, F. (1992). **Los diez mandamientos.** (2da.ed.). Bogotá, Colombia: *Ediciones Paulinas*, pág.51. También debe leer: Ruiz, Y. (2015). **El mercado convertido en religión.** Bogotá, República de Colombia: *El Espectador.* Consultado el 11 de septiembre de 2015, de http://www.elespectador.com/opinion/el-mercado-convertido-religion.

[xcviii] Dr. Paul Krugman, profesor de Economía en la Universidad de Princeton y premio Nobel de Economía, en: Krugman, P. (2015). **El pánico a Piketty**. (2014). Madrid, España: *El País*. Consultado el 30 de diciembre de 2014, de http://economia.elpais.com/economia/2014/05/02/actualidad/1399033161_860036.html.
[xcix] Debe leer las palabras del maestro Eduardo Galeano, premio Stig Dagerman y premio Casa de las Américas, en: Galeano, E. (1988). **Nosotros decimos no**. Madrid, España: *El País*. Consultado el 1 de mayo de 2014, de http://elpais.com/diario/1988/07/18/opinion/585180006_850215.html.
[c] Moracho, F. (1992). **Los diez mandamientos**. (2da.ed.). Bogotá, Colombia: *Ediciones Paulinas*, pág.43. También debe ver un análisis realizado por el Dr. Larry Lessig, doctor en jurisprudencia y profesor de la Universidad de Harvard, en: **Profesor de Harvard opta a la Presidencia de EE.UU. para salvar la democracia**. (2015). Ecuador, Latinoamérica: *El Comercio*. Consultado el 13 de septiembre de 2015, de http://www.elcomercio.com/actualidad/profesor-harvard-opta-presidencia-estadosunidos.html.
[ci] Vea el análisis del Dr. José Saramago, premio Nobel de Literatura y doctor *honoris causa* de la Universidad Nacional de Buenos Aires, en: Abdala, V. (2003). **Vivimos en una plutocracia, un gobierno de los ricos**. Argentina, Latinoamérica.: *Página 12*. Información consultada el 22 de diciembre de 2013, de http://www.pagina12.com.ar/diario/cultura/7-19725-2003-05-06.html.
[cii] Mario Benedetti. (1995). **La democracia light**. Madrid, España.: *El País*. Consultado el 3 de mayo de 2014, de http://www.elpais.com/.
[ciii] Saramago, J. (2010). **José Saramago en sus palabras**. México, D.F.: *Editorial Alfaguara*, pág.433. {ISBN: 978-607-11-0677-3}.
[civ] Vea el análisis de Richard J. Roberts, premio Nobel de Medicina, en: **Nobel de medicina: Curar enfermedades no es rentable para las farmacéuticas**. (2013). Moscú, Rusia.: *Russia Today*. Información consultada el 12 de diciembre de 2013, de http://actualidad.rt.com/.
[cv] Mario Vargas Llosa. (2012). **La civilización del espectáculo**. México, D.F.: *Editorial Alfaguara*, pág.133. También debería leer el análisis del doctor Paul Krugman, premio Nobel de Economía y catedrático de la Universidad de Princeton, en: Krugman, P. (2015). **Primavera para los timadores**. Madrid, España: *El País*. Consultado el 7 de noviembre de 2015, de http://economia.elpais.com/economia/2015/10/30/actualidad/1446217925_974801.html.
[cvi] **Chomsky: Las democracias europeas llegaron al colapso total**. (2014). Moscú, Rusia.: *Russia Today (RT)*. Información consultada el 31 de diciembre de 2014, de http://actualidad.rt.com/.
[cvii] Santiago N. Becerra, economista y catedrático de la Universidad Ramon Llull de Barcelona, en: Rubén Pujol. **En el siglo XIX montaríamos una revolución pero ya no están de moda**. (2014). Madrid, España.: *El País*. Consultado el 30 de diciembre de 2014, de http://elpais.com/elpais/2014/09/05/icon/1409917936_220538.html. También debe leer: Mario Benedetti. (1984). **Subdesarrollantes y subdesarrollados**. Madrid, España: *El País*. Consultado el 13 de diciembre de 2014, de http://elpais.com/diario/1984/07/04/opinion/457740013_850215.html.
[cviii] Moracho, F. (1992). **Los diez mandamientos**. (2da.ed.). Bogotá, Colombia: *Ediciones Paulinas*, pág.238.
[cix] **Definición de plutocracia**. (2008). Alemania, Unión Europea: *Definición*. Información consultada el 23 de septiembre de 2013, de http://definicion.de/plutocracia/#ixzz2dqiagprT. También debe leer: **La Plutocracia: el**

control del Estado por el dinero. (2000). Argentina, Latinoamérica.: *La Editorial Virtual.* Información consultada el 23 de septiembre de 2013, de http://www.laeditorialvirtual.com.ar/Pages/Martos_LaPlutocracia.htm.
[cx]Dr. Noam Chomsky, catedrático del Instituto Tecnológico de Massachusetts, en: **Chomsky: EE.UU. no se comporta para nada como una democracia: es una plutocracia.** (2013). Habana, Cuba: *Trabajadores.* Consultado el 23 de noviembre de 2015, de http://www.trabajadores.cu/temas/plutocracia/.
[cxi]**Países del ALBA apoyan a Grecia frente al asedio del capitalismo financiero mundial.** (2015). Ávila, España: *LibreRed.* Consultado el 25 de julio de 2015, de http://www.librered.net/?p=39381. También debe leer: Mario Benedetti. (1984). **Subdesarrollantes y subdesarrollados.** Madrid, España: *El País.* Consultado el 3 de mayo de 2014, de http://elpais.com/diario/1984/07/04/opinion/457740013_850215.html.
[cxii]Rossell, M.A. (2005). **La plutocracia mexicana.** México, Latinoamérica: *El Universal.* Consultado el 1 de mayo de 2015, de http://archivo.eluniversal.com.mx/editoriales/30058.html. También debe leer: Maeda, L. (2004). **La plutocracia, facción gobernante.** Durango, México: *El Siglo de Durango.* Consultado el 23 de noviembre de 2015, de http://www.elsiglodedurango.com.mx/noticia/55867.la-plutocracia-faccion-gobernante.html.
[cxiii]Rossell, M.A. (2005). **La plutocracia mexicana**. México, Latinoamérica: *El Universal.* Consultado el 18 de agosto de 2015, de http://archivo.eluniversal.com.mx/editoriales/30058.html. También debe leer: Maeda, L. (2004). **La plutocracia, facción gobernante**. Durango, México: *El Siglo de Durango.* Consultado el 23 de noviembre de 2015, de http://www.elsiglodedurango.com.mx/noticia/55867.la-plutocracia-faccion-gobernante.html.
[cxiv]Mario Benedetti. (1984). **Subdesarrollantes y subdesarrollados**. Madrid, España: *El País.* Consultado el 29 de diciembre de 2014, de http://elpais.com/diario/1984/07/04/opinion/457740013_850215.html.
[cxv]Eduardo Galeano, escritor y pensador uruguayo, en: **Este es un mundo especializado en el exterminio del prójimo: Eduardo Galeano.** (2012). Colombia, Latinoamérica.: *Revista Arcadia.* Información consultada el 11 de agosto de 2013, de http://www.revistaarcadia.com/. También debe leer: Alma E. Muñoz. (2014). **El poder financiero es el que manda en México, sostiene Adolfo Gilly.** Ciudad de México, México.: *La Jornada.* Recuperado el 31 de diciembre de 2014, de http://www.jornada.unam.mx/2014/04/05/politica/012n2pol.
[cxvi]Dr. Joseph E. Stiglitz, premio Nobel de Economía y catedrático de la Universidad de Columbia, en: Stiglitz, J.E. (2014). **La moratoria 'a la Griesa' de Argentina**. Madrid, España: *El País.* Consultado el 30 de diciembre de 2014, de http://economia.elpais.com/economia/2014/08/22/actualidad/1408732136_001362.html.
[cxvii]José Carlos García Fajardo. (2002). **El supremo recurso a la rebelión**. Costa Rica, Latinoamérica: *Asociación de Profesores de Segunda Enseñanza.* Consultado el 22 de enero de 2015, de http://www.apse.or.cr/webapse/archivo/arc107.htm.
[cxviii]Josep Ramoneda. **Soberanía financiera y soberanía popular**. (2012). Madrid, España: *El País.* Consultado el 30 de diciembre de 2014, de http://elpais.com/elpais/2012/05/11/opinion/1336757858_053462.html.
[cxix]Vea el análisis del Dr. Larry Lessig, doctor en jurisprudencia y profesor de la Universidad de Harvard, en: Ayuso, S. (2015). **El candidato que quiere ser presidente de Estados Unidos por una hora**. Madrid, España: *El País.* Consultado el 30 de agosto de 2015, de http://internacional.elpais.com/internacional/2015/08/24/actualidad/1440426455_138695.html.

[cxx] Dr. Joseph E. Stiglitz, premio Nobel de Economía, en: Stiglitz, J.E. (2014). **La democracia del siglo XXI**. Madrid, España: *El País*. Consultado el 3 de mayo de 2015, de http://economia.elpais.com/economia/2014/09/11/actualidad/1410445369_707159.html.

[cxxi] **Republicanos comparan beneficiarios de cupones con animales**. (2015). Guaynabo, Puerto Rico.: *El Nuevo Día*. [Versión electrónica: http://www.elnuevodia.com/noticias/internacionales/nota/republicanoscomparanbeneficiariosdecuponesconanimales-2073279/].

[cxxii] John W. Whitehead, presidente del Instituto Rutherford, según citado: Yepe, M.E. (2015) **EE.UU.: Una democracia de los ricos para los ricos**. San Juan, Puerto Rico.: *Noticel*. Información consultada el 7 de octubre de 2015, de http://www.noticel.com/blog/181704/eeuu-una-democracia-de-los-ricos-para-los-ricos.html.

[cxxiii] Vea las palabras del Dr. Larry Lessig, doctor en jurisprudencia y profesor de la Universidad de Harvard, en: Ayuso, S. (2015). **El candidato que quiere ser presidente de Estados Unidos por una hora**. Madrid, España: *El País*. Consultado el 30 de agosto de 2015, de http://internacional.elpais.com/internacional/2015/08/24/actualidad/1440426455_138695.html. También debe leer: **El sistema bipartidista de EE.UU. es una farsa e hipocresía**. (2012). Rusia, Moscú.: *TV-Novosti*. Información consultada el 12 de noviembre de 2012, de http://actualidad.rt.com/.

[cxxiv] Según el sistema filosófico del Dr. Arthur Schopenhauer. Vea lo dicho en: Moreno, L.F. (2004). **La solución del enigma**. Madrid, España.: *El País*. Consultado el 30 de diciembre de 2011, de http://www.elpais.com/.

[cxxv] Alberto Medina Carrero. (2015). ♪ **Yo soy un hombre sincero**...♪. San Juan, Puerto Rico.: *Derecho y escritura*. Información consultada el 8 de noviembre de 2015, de http://derechoyescritura.blogspot.com/.

[cxxvi] Vea el análisis del Dr. Larry Lessig, doctor en jurisprudencia y profesor de la Universidad de Harvard, en: **Profesor de Harvard opta a la Presidencia de EE.UU. para salvar la democracia**. (2015). Ecuador, Latinoamérica: *El Comercio*. Consultado el 13 de septiembre de 2015, de http://www.elcomercio.com/actualidad/profesor-harvard-opta-presidencia-estadosunidos.html.

[cxxvii] Vea el análisis del Dr. Joseph Stiglitz, premio Nobel de Economía, en: Yepe, M.E. (2015) **EE.UU.: Una democracia de los ricos para los ricos**. San Juan, Puerto Rico.: *Noticel*. Información consultada el 7 de octubre de 2015, de http://www.noticel.com/blog/181704/eeuu-una-democracia-de-los-ricos-para-los-ricos.html.

[cxxviii] Jonathan Chait, según citado en: Krugman, P. (2003). **Canales de influencia**. Madrid, España: *El País*. Información consultada el 19 de noviembre de 2015, de http://elpais.com/diario/2003/04/01/internacional/1049148018_850215.html.

[cxxix] Dr. Joseph E. Stiglitz, premio Nobel de Economía y catedrático de la Universidad de Columbia, en: Stiglitz, J.E. (2015). **Hartos de la Reserva Federal**. Madrid, España: *El País*. Consultado el 30 de octubre de 2015, de http://economia.elpais.com/economia/2015/09/17/actualidad/1442484030_300709.html.

[cxxx] Jorge Volpi, escritor mexicano, en: Geli, C. (2014). **En los tiempos de la Gran Mentira**. Madrid, España.: *El País*. Consultado el 30 de diciembre de 2014, de http://cultura.elpais.com/cultura/2014/04/08/actualidad/1396986878_587423.html.

[cxxxi] Maeda, L. (2004). **La plutocracia, facción gobernante**. Durango, México: *El Siglo de Durango*. Consultado el 2 de noviembre de 2015, de http://www.elsiglodedurango.com.mx/noticia/55867.la-plutocracia-faccion-gobernante.html. También debe leer: Mery, H. (2015). **La plutocracia reinante**. Universidad de Chile, Chile: *Radio Universidad de Chile*. Consultado el 23 de octubre de 2015, de http://radio.uchile.cl/2015/04/18/la-plutocracia-reinante.

[cxxxii] Eduardo Galeano, premio Stig Dagerman y premio Casa de las Américas, en: Torres, M. (1982). **"A medida que se democratiza la política, se 'elitiza' la cultura en España", según Eduardo Galeano**. Madrid, España: *El País*. Consultado el 2 de mayo de 2014, de http://elpais.com/diario/1982/10/05/cultura/402620408_850215.html.

[cxxxiii] José Saramago, premio Nobel de Literatura, en: Avilés, K. & Jiménez, A. (2004). **Ante la justicia corrupta, queda un arma: la desobediencia civil, afirma Saramago**. Ciudad de México, México.: *La Jornada*. Recuperado el 30 de julio de 2015, de http://www.jornada.unam.mx/2004/02/12/012n1pol.php?printver=1&fly=2.

[cxxxiv] Escobar, C. (2015). **La danza de la plutocracia**. Guatemala, Latinoamérica: *Prensa Libre*. Consultado el 31 de octubre de 2015, de http://www.prensalibre.com/opinion/La-danza-de-la-plutocracia_0_1301870089.html.

[cxxxv] Rossell, M.A. (2005). **La plutocracia mexicana**. México, Latinoamérica: *El Universal*. Consultado el 1 de mayo de 2015, de http://archivo.eluniversal.com.mx/editoriales/30058.html. También debe leer: Maeda, L. (2004). **La plutocracia, facción gobernante**. Durango, México: *El Siglo de Durango*. Consultado el 2 de mayo de 2015, de http://www.elsiglodedurango.com.mx/noticia/55867.la-plutocracia-faccion-gobernante.html.

[cxxxvi] Armando B. Ginés. **Tiempos de chulería e impunidad**. (2014). España, Unión Europea.: *Diario Octubre*. Información consultada el 31 de diciembre de 2014, de http://www.diario-octubre.com/2014/04/04/tiempos-de-chuleria-e-impunidad/.

[cxxxvii] Vea los resultados de un estudio de Human Rights Watch, en: **Plantaciones de tabaco en EE.UU.: campo fértil de explotación infantil**. (2015). San Juan, Puerto Rico.: *Noticel*. Consultado el 29 de diciembre de 2015, de http://www.noticel.com/noticia/184298/plantaciones-de-tabaco-en-eeuu-campo-fertil-de-explotacion-infantil.html.

[cxxxviii] Alfred de Zayas, asesor de la Organización de las Naciones Unidas, según citado en: **Experto independiente urge a los gobiernos a proteger las voces de la sociedad civil**. (2013). Nueva York, EEUU.: *Organización de las Naciones Unidas*. Información consultada el 28 de diciembre de 2013, de http://www.un.org/es/.

[cxxxix] Soren Ambrose, supervisor de ActionAid International, en: Ambrose, S. (2015). **El mundo en el pico de la plutocracia**. Montevideo, Uruguay.: *Agencia de Noticias Inter Press Service (IPS)*. Información consultada el 12 de septiembre de 2015, de http://www.ipsnoticias.net/2015/04/el-mundo-en-el-pico-de-la-plutocracia/.

[cxl] Schopenhauer, A. (2009). **Parerga y Paralipómena: escritos filosóficos sobre diversos temas**. Madrid, España.: *Editorial Valdemar*, pág.596.

[cxli] Schopenhauer, A. (2009). **Parerga y Paralipómena: escritos filosóficos sobre diversos temas**. Madrid, España.: *Editorial Valdemar*, pág.602.

[cxlii] Ignacio Ramonet, director de Le Monde Diplomatique, en: Ramonet, I. (2015). **Democratizar la democracia**. San Juan, Puerto Rico.: *Noticel*. Consultado el 1 de enero de 2016, de http://www.noticel.com/blog/182945/democratizar-la-democracia.html.

[cxliii] Soren Ambrose, supervisor de ActionAid International, en: Ambrose, S. (2015). **El mundo en el pico de la plutocracia**. Montevideo, Uruguay.: *Agencia de Noticias Inter Press Service (IPS)*. Información consultada el 12 de septiembre de 2015, de http://www.ipsnoticias.net/2015/04/el-mundo-en-el-pico-de-la-plutocracia/.

[cxliv] Mario Benedetti. (1993). **Poderoso caballero**. Madrid, España.: *El País*. Consultado el 3 de mayo de 2011, de http://www.elpais.com/.

[cxlv] **¿Puede haber democracia sin votos?** (2015). Londres, Reino Unido: *British Broadcasting Corporation*. Consultado el 30 de octubre de 2015, de http://www.bbc.co.uk/mundo/noticias/2015/02/150115_internacional_dia_democracia_alternativas_tsb.

[cxlvi] **¿Habrá un comunismo real en Suiza?** (2013). Moscú, Rusia.: *Russia Today (RT)*. Información consultada el 31 de diciembre de 2013, de http://actualidad.rt.com/.

[cxlvii] Vicent, M. (2012). **Esclavos**. Madrid, España: *El País*. Consultado el 15 de mayo de 2014, de http://elpais.com/elpais/2012/03/17/opinion/1332002446_571686.html.
[cxlviii] Vicent, M. (2012). **2013**. Madrid, España: *El País*. Consultado el 7 de mayo de 2014, de http://elpais.com/elpais/2012/12/29/opinion/1356804045_456017.html.
[cxlix] Eduardo Galeano, premio Stig Dagerman y premio Casa de las Américas, en: Galeano, E. (1996). **La escuela del crimen**. Madrid, España: *El País*. Consultado el 1 de octubre de 2015, de http://elpais.com/diario/1996/07/11/opinion/837036004_850215.html.
[cl] Vicent, M. (2012). **Plegaria**. Madrid, España: *El País*. Consultado el 7 de mayo de 2014, de http://elpais.com/elpais/2012/11/24/opinion/1353774665_103272.html. También debe leer: Vicent, M. (2012). **Esclavos**. Madrid, España: *El País*. Consultado el 15 de mayo de 2014, de http://elpais.com/elpais/2012/03/17/opinion/1332002446_571686.html.

www.ingramcontent.com/pod-product-compliance
Lightning Source LLC
Chambersburg PA
CBHW030900180526
45163CB00004B/1647